INHALT

D1726038

Der Buchstabe **M (=Methode)** weist Seiten aus, auf denen das Vorgehen beim Umgang mit Geschichte besonders geübt werden kann. „Gewusst wie!" ist hier die Devise.

8. Mai 1945 – so und so erlebt

In einem Amtsblatt, das 1945 veröffentlicht wurde, war zu lesen:
„Wir, die Unterzeichneten, die wir im Auftrag des Oberkommandos der Deutschen Wehrmacht handeln, übergeben hiermit bedingungslos dem Obersten Befehlshaber der Alliierten Expeditionsstreitkräfte und gleichzeitig dem Oberkommando der Roten Armee alle gegenwärtig unter deutschem Befehl stehenden Streitkräfte zu Lande, zu Wasser und in der Luft."

(Zitiert aus: Steininger, R.: Deutsche Geschichte seit 1945 Band 1. Frankfurt a. Main 1996 [Fischer], S. 80)

Aufgabe 1: *Gib diesem Dokument einen Namen.*

_____

_____

Aufgabe 2: *Auch die nachfolgenden drei Quellen befassen sich mit dem 8. Mai 1945. Lies sie und beantworte die Frage, wodurch sie sich vor allem vom obigen Dokument unterscheiden.*

_____

_____

E. G.: *„Nun also – der Krieg war zu Ende und Deutschland ruiniert: Wir standen auf dem Zuchthaushof der Musenstadt Bayreuth und sahen uns stumm an. Stumm. Das also war das Ende. Ohne jeden Kommentar gingen wir auseinander. Selbst unsere Ausländer blieben in diesem Augenblick wortlos. Monate-, jahrelang waren sie unsere Gefährten gewesen. Jetzt war es damit vorbei. Die Gemeinschaft der vom gleichen Schicksal Geschlagenen löste sich auf. Rasch, still, unabwendbar. Es hatte Stunden gegeben, in denen wir fast so etwas wie Brüder gewesen waren. Damit war es jetzt aus. Wir waren eben auch nur Deutsche."*

(Zitiert aus: Steininger, R.: Deutsche Geschichte seit 1945 Band 1. Frankfurt a. Main 1996 [Fischer], S. 115)

B. W.: *„Große Neuigkeit! Es ist Waffenstillstand!"* *„Was?"* *„Es soll vorhin durchs Radio gekommen sein!"* *„Weißt du Näheres?"* *„Bedingungslose Kapitulation. Jodl hat unterzeichnet. Morgen tritt der Waffenstillstand in Kraft!"* *Meine Mutter umarmt uns mit Tränen in den Augen: „Endlich ist der Krieg zu Ende! Endlich, endlich!"* *Mein Vater tritt aus dem Haus und erfährt die freudige Botschaft … Mit einem Schlag scheint unsere Umgebung heller geworden zu sein … Irgendwann sagt Elard: „Es werden schwere Zeiten kommen!"*

(Zitiert aus: Steininger, R.: Deutsche Geschichte seit 1945 Band 1. Frankfurt a. Main 1996 [Fischer], S. 353 f.)

Aufgabe 3: *Die drei Quellen zeigen aber auch, dass Menschen das Ende des Krieges auf ganz unterschiedliche Weise erlebten. Welche Erschütterungen und Hoffnungen werden in den Erinnerungen deutlich?*

– beim Zahnarzt von A. B.: _____

_____

– bei der Mutter von B. W.: _____

_____

– beim ehemaligen Häftling E. G.: _____

_____

A. B.: *„Viele, viele Selbstmorde in der Nachbarschaft; die Leichen werden … in den Gärten vergraben. Keineswegs nur Nazis. Viele Verzweifelte. Unser Zahnarzt mit der ganzen Familie; das Gift reichte nicht, die jüngsten Kinder wurden in der Badewanne ertränkt."*

(Zitiert aus: Filmer/Schwan: Mensch, der Krieg ist aus! Düsseldorf und Wien 1995 [Econ] S. 29)

Aufgabe 4: *Wie erklärst du dir diese Unterschiede?*

_____

_____

Codename „Terminal" – Endstation

Aufgabe 1: *Von Churchill stammt die Idee, der Konferenz von Potsdam diesen Geheimnamen zu geben. Welche Überlegung mag dem zu Grunde gelegen haben?*

_____

_____

_____

Aufgabe 2:

Benenne die Leiter der Delegationen, wie sie sich hier zeigen.

Name			
Land			

Premierminister Attlee, der nach seinem Wahlsieg Churchill abgelöst hatte, wertete das Ergebnis der Konferenz als eine feste Grundlage für weitere Fortschritte in der Annäherung der Alliierten. War es das wirklich?

> *„Politische Grundsätze...*
> *7. Das Erziehungswesen in Deutschland muss so überwacht werden, dass die nazistischen und militaristischen Lehren völlig entfernt werden und eine erfolgreiche Entwicklung der demokratischen Ideen möglich gemacht wird.*
> *8. Das Gerichtswesen wird entsprechend den Grundsätzen der Demokratie und der Gerechtigkeit auf der Grundlage der Gesetzlichkeit und Gleichheit aller Bürger vor dem Gesetz ohne Unterschied der Rasse, der Nationalität und der Religion reorganisiert werden."*
>
> (Zitiert aus: Benz, W.: Potsdam 1945. München 1994 [dtv], S. 213)

Aufgabe 3: *Was verstand man im Westen und in der Sowjetunion unter den folgenden Begriffen, die das Dokument erwähnt?*

	Verständnis im Westen	Verständnis in der Sowjetunion
„demokratische Ideen" und **„Grundsätze der Demokratie und Gerechtigkeit"**		

Aufgabe 4: *Wozu musste das unterschiedliche Demokratieverständnis der drei Mächte führen?*

_____

_____

Aufgabe 5: *Der Codename „Terminal" bekommt so auch noch eine zweite Bedeutung. Erkläre sie.*

_____

Nachkriegstragödien

Die Siegermächte hatten in Potsdam Oder und Neiße als deutsche Ostgrenze bestimmt. Östlich dieser Grenze lebten aber noch viele Deutsche. Was sollte mit ihnen geschehen? Auch dazu trafen die drei Mächte Festlegungen:

Aufgabe 1: *Was sollte mit den Deutschen dort geschehen?*

> *„Die drei Regierungen haben die Frage unter allen Gesichtspunkten beraten und erkennen an, dass die Überführung der deutschen Bevölkerung oder Bestandteile derselben, die in Polen, Tschechoslowakei und Ungarn zurückgeblieben sind, nach Deutschland durchgeführt werden muss. Sie stimmen darin überein, dass eine derartige Überführung, die stattfinden wird, in ordnungsgemäßer und humaner Weise erfolgen soll …“*
>
> (Zitiert aus Benz, W.: Potsdam 1945. München 1994 [dtv], S. 224 f.)

Aufgabe 2: *Wie viele Menschen waren von diesem Beschluss betroffen? Werte dazu die Statistik aus.*

Aufgabe 3: *Auf welche Art und Weise sollte die „Überführung" stattfinden?*

Vertriebene: Herkunft und Anzahl

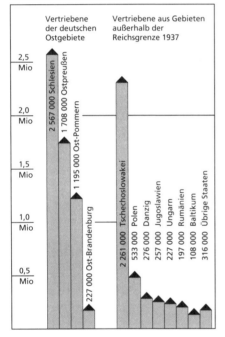

Vertriebene der deutschen Ostgebiete: 2 567 000 Schlesien, 1 708 000 Ostpreußen, 1 195 000 Ost-Pommern, 227 000 Ost-Brandenburg

Vertriebene aus Gebieten außerhalb der Reichsgrenze 1937: 2 261 000 Tschechoslowakei, 533 000 Polen, 276 000 Danzig, 257 000 Jugoslawien, 227 000 Ungarn, 197 000 Rumänien, 108 000 Baltikum, 316 000 Übrige Staaten

Aufgabe 4: *Welchen Widerspruch zwischen der Erklärung von Potsdam und dem Erlebnis der Uta M. machst du aus?*

Uta M. erlebte als 13-jährige ihre Ausweisung aus dem Sudetenland:

> *„… beim nächsten Transport klopfte es früh um vier an die Türe, und es war nicht der Milchmann. Es waren Soldaten mit Maschinenpistolen, ein Zivilist dabei, und sie erklärten uns, binnen 30 Minuten müssten wir das Haus verlassen. ‚Wenn Sie mitnehmen Schmuck, Gold oder Silber, werden Sie sofort erschossen!' … (Mutter und Tochter wurden zunächst mit anderen in ein Sammellager verbracht.)*
> *… Heulend zog die ganze Gesellschaft weiter und wurde gesammelt bei der Schule … Dort wurden wir durchsucht, und meine Mutter musste eine Erklärung unterschreiben, die aber tschechisch verfasst war, und wir wissen von andern Leuten, dass das eine Erklärung war, dass wir freiwillig das Land verlassen und auf unsern Besitz verzichten …“*
>
> (Aus: Dörr, M.: Durchkommen und Überleben. Augsburg 2000 [Bechtermünz], S. 521 f.)

Aufgabe 5: *Vermute, welche Erklärung es für diesen Widerspruch gibt. Formuliere dazu die Meinung eines damals lebenden Tschechen oder Polen.*

Die Folgen des Marshallplans

Aufgabe 1: *Fasse kurz den Inhalt des Marshallplans zusammen:*

_____

_____

Der Zweck des Marshallplans wurde von amerikanischen und sowjetischen Politikern unterschiedlich dargestellt, wie du den Äußerungen des amerikanischen Präsidenten Truman und des sowjetischen Botschafters entnehmen kannst. Beide Ausführungen sind hier durcheinander geraten. Man kann aber an der Wortwahl erkennen, wer was gesagt hat.

Aufgabe 2: *Suche aus den Sätzen die Wörter und Wendungen heraus, die es dir ermöglichen festzustellen, von wem der jeweilige Satz gesprochen bzw. geschrieben wurde und unterstreiche sie.*

„Ich glaube, dass wir den freien Völkern helfen müssen, sich ihr eigenes Geschick nach ihrer eigenen Art zu gestalten. In diesem Zusammenhang bleiben die Hauptziele der amerikanischen Außenpolitik ... unverändert: den Demokratisierungsprozess in Europa zu kontrollieren, die gegenüber der Sowjetunion feindlich eingestellten Kräfte zu stärken und günstige Bedingungen für amerikanisches Kapital in Europa und Asien zu schaffen. Ich bin der Ansicht, dass unsere Hilfe in erster Linie in Form wirtschaftlicher und finanzieller Unterstützung gegeben werden sollte, die für eine wirtschaftliche Stabilität und geordnete politische Vorgänge wesentlich ist. Eine grundlegende Analyse des Marshallplans zeigt, dass es letztlich darum geht, einen westeuropäischen Block als Instrument der amerikanischen Politik zu schaffen.“ (Aus: Steininger, R.: Deutsche Geschichte seit 1945 Band 1. Frankfurt a. Main 1996 (Fischer), S. 292 und S. 304)

Aufgabe 3: *Übertrage die unterstrichenen Wörter in die dazugehörenden Kästchen.*

Der amerikanische Präsident Truman vor dem Kongress am 12.3.1947:	Der sowjetische Botschafter Novikow am 24.6.1947 in einem Telegramm an Molotow:

Aufgabe 4: *Welche Folgen hatte der Marshallplan für a) den Lebensstandard in den Westzonen, b) die Einheit Deutschlands und c) das Verhältnis zwischen Ost und West?*

a) _____

b) _____

c) _____

Deutschlandbilder

Du hast ja bereits gelernt, Karikaturen zu analysieren. Du weißt also, dass man damit beginnt, die Herkunft der Karikatur zu klären und dann den Inhalt zu beschreiben. Diese beiden Aufgaben nehmen wir dir zum Teil ab, denn wer von euch könnte z. B. die vier Personen erkennen?

Hier also unsere Hilfe: 1947 erschien diese Karikatur in der Schweizer Zeitschrift „Nebelspalter". Der amerikanische Außenminister Marshall, sein französischer Amtskollege Bidault, der britische Außenminister Bevin und Stalin malen jeweils ihr Bild vom künftigen Deutschland.

Aufgabe 1: *Wie wird Deutschland jeweils dargestellt?*

USA _____

GB _____

F _____

SU _____

Aufgabe 2: *Was soll mit der Karikatur zum Ausdruck gebracht werden?*

_____

_____

_____

_____

Aufgabe 3: *Welche Wertung ist aus der Karikatur ablesbar? (Beziehe in deine Überlegungen die Darstellung des „Modells" ein.)*

_____

_____

_____

_____

Aufgabe 4: *Wie ordnet sich die Darstellung in dein Geschichtswissen ein?*

Aufgabe 5: *Und hier findest du die Karikatur noch einmal, aber als Fälschung. Mindestens 10 Fehler solltest du herausfinden und dann prüfen, ob sich dadurch die Aussage der Karikatur wesentlich verändert.*

Alltägliches in schwerer Zeit

Aufgabe 1: *Im Hintergrund erkennst du den Berliner Reichstag. In welcher Zeit muss dieses Bild entstanden sein? Begründe deine Antwort.*

_____

_____

_____

_____

_____

Aufgabe 2: *In der nebenstehenden Wortschlange sind Begriffe enthalten, die zum alltäglichen Leben dieser Zeit gehörten. Finde sie heraus und unterstreiche sie. Eines der gefundenen Wörter war die Bezeichnung für eine weibliche Person, wie du sie auf den Foto siehst.*

NYLONSTRUMPFWIRTSCHAFTSWUNDERBOMBENTRICHTERWEHRPFLICHTTA
USCHGESCHAEFTNIERENTISCHTRABANTFUNDMUNITIONLEBENSMITTELKAR
TEPLATTENBAUBUNDESWEHRDEMONTAGEZEPPELINKRIEGSGEFANGENSCH
AFTFERNSEHGERAETVERTREIBUNGWERBESENDUNGGAENSEBRATENTRUEM
MERFRAUAUTOHAENDLERBENZINVERBRAUCHSCHWARZMARKTRITTERHEER
COMPUTERFLUECHTLINGINTERNETHEIMKEHRERRATENZAHLUNGVERSANDH
ANDELNOTUNTERKUNFTNEANDERTALER

Aufgabe 3: *Setze die herausgefundenen Wörter in der vorhandenen Reihenfolge in die Kästchen ein. Du erhältst dann einen neuen Begriff, der damals Stadtbewohnern half zu überleben.*

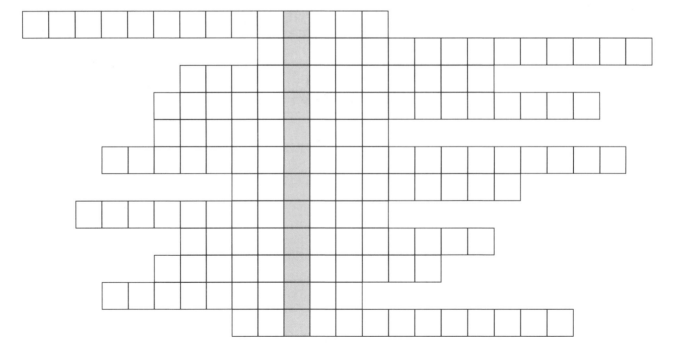

Neue Töne aus London

Mit einer Rede über den Moskauer Rundfunk hatte sich die Ehefrau Churchills im Auftrag ihres Mannes am 9. Mai 1945 an die Völker der Sowjetunion und ihre Armee gewandt:

> *„Namens des britischen Volkes sende ich euch allen meine tief empfundenen Glückwünsche zu den glänzenden Siegen, die ihr bei der Vertreibung des Eindringlings von eurer Heimaterde und der Zerschmetterung der Nazi-Tyrannei errungen habt. Die Zukunft der Menschheit hängt von der Freundschaft und dem gegenseitigen Verständnis der Völker Großbritanniens und Russlands ab, davon bin ich fest überzeugt."*
>
> (Aus: Truchanowski, W.G.: Winston Churchill. Berlin 1978 [Deutscher Verlag der Wissenschaften], S. 382)

Am 11. Mai, also zwei Tage später, sandte Churchill ein Telegramm an den amerikanischen Präsidenten Truman, aus dem folgende Sätze entnommen sind:

> *„Ich fürchte, dass im Verlauf des russischen Vorrückens durch Deutschland an die Elbe schreckliche Dinge geschehen sind. Das geplante Zurücknehmen des amerikanischen Heeres auf die Besatzungslinien, die mit den Russen und Amerikanern in Quebec vereinbart wurden, ... würde bedeuten, dass die Flut der russischen Herrschaft auf einer Frontbreite von 300 oder 400 Meilen 120 Meilen nach vorn brandet. Falls dies geschähe, wäre es eines der melancholischsten (= traurigsten) Ereignisse der Geschichte ...*
> *Es ist höchste Zeit, dass diese schrecklichen Fragen unter den Hauptmächten als Ganzes geprüft werden ... Sind sie nicht geregelt, ehe sich die USA-Armeen aus Europa zurückziehen, und ehe die westliche Welt ihre Kriegsmaschinerie außer Dienst stellt, bestehen keine Aussichten für eine zufriedenstellende Lösung und sehr wenig Chancen, einen dritten Weltkrieg zu verhindern."*
>
> (The conference of Berlin 1945, Zit. nach: Ernst Deuerlein, Potsdam 1945, dtv München 1963)

Aufgabe 1: *Lies die beiden Auszüge und unterstreiche die Passagen, die im Gegensatz zueinander stehen.*

Aufgabe 2: *Welches Motiv führt Churchill für seine Bedenken gegen das amerikanische Zurückgehen auf vereinbarte Grenzen an? Was weißt du darüber?*

_____

_____

Aufgabe 3: *Vermute, warum Churchill nicht selbst die Rundfunkansprache gehalten hat.*

_____

_____

Entwurf für meinen Kommentar:

Aufgabe 4: *Erarbeite den Entwurf zu einem Kommentar, mit dem du auf die neuen Töne aus London eingehen willst. Entscheide dich, ob du für eine britische oder sowjetische Zeitung kommentieren willst und unterstreiche deinen Entschluss. (brit. / sowjet.)*

Aufgabe 5: *Tragt eure Entwürfe vor und sprecht darüber.*

Angst und Hass und erste Opfer

Misstrauen, Angst und Hass sollten die Menschen an die jeweilige Politik in Ost und West binden. Dazu war jedes Mittel recht. Das Plakat der italienischen Christdemokraten aus dem Jahre 1948 soll als Beispiel stehen. „Wähle oder er wird dein Chef sein", heißt es hier.

Aufgabe 1: *Beschreibe, mit welchen Mitteln das Plakat die Wähler zu beeinflussen sucht.*

_____

_____

Aufgabe 2: *Welchen geschichtlichen Hintergrund hat die Darstellung?*

_____

Aufgabe 3: *Was hältst du von dieser Art und Weise des Wahlkampfes?*

_____

(Übrigens: Erst nach der von den Christdemokraten gewonnenen Wahl im April 1948 erhielt Italien Marshallplan-Gelder.)

Das nach diesem Muster beeinflusste Bewusstsein der Menschen in Ost und West führte zu einer Atmosphäre in der Welt, die einige Mächtige zugleich schürten und ausnutzten.

Der Oberstaatsanwalt Josef Urvalek verlas die Anklageschrift gegen den tschechoslowakischen kommunistischen Generalsekretär Slansky. Von 1948 bis 1952 wurden in der ČSR 233 politische Gefangene zum Tode verurteilt.

John Edgar Hoover wurde 1924 zum Direktor des FBI. Er führte seit 1946 den Propagandafeldzug gegen die vermeintliche kommunistische Gefahr. Seine Machtfülle war so groß, dass niemand, auch die Präsidenten nicht, ihn zu kontrollieren wagten.

Josef Urvalek November 1952:
„Am Ende wird jeder Verbrecher seinen gerechten Lohn erhalten, jeder wird seine wohlverdiente Strafe bekommen. Die verschwörerische Bande, die heute auf der Anklagebank sitzt, ist ein Nest Ratten, die in die Falle gegangen sind. Sie werden von allen Menschen unseres Landes gehasst und verabscheut. Im Namen des Friedens ... fordere ich für alle Angeklagten die Todesstrafe."
(Aus: Isaacs, J.: Der Kalte Krieg, München 1999 [Diana Verlag], S. 109)

Edgar Hoover März 1947:
„Der Kommunismus ist in Wirklichkeit keine politische Partei, er ist eine Lebensweise, eine bösartige und heimtückische Lebensweise. Er ist wie eine Krankheit, die sich in einer Epidemie ausbreitet."
(Aus: Isaacs, J.: a.a.O., S. 118)

Aufgabe 4: *Beschreibe das Gemeinsame in den Reden von Urvalek und Hoover.*

_____

Aufgabe 5: *Obwohl der Kampf zwischen den Blöcken „nur" kalt geführt wurde, waren seine Folgen für die Menschen in Ost und West grauenhaft. Nenne Beispiele.*

_____

Die TASS-Meldung schockte

Die sowjetische Nachrichtenagentur TASS veröffentlichte am 5. Oktober 1957 eine Mitteilung, deren wichtigster Satz hier in verschlüsselter Form vorliegt:

„	A	M	E	R	U	K	T	O	1	9	5	B	E	R	4	.	O	7	W	U	R	D	E	I	N	D	D	S	S	R	D	E	R
E	R	S	G	E	S	A	T	E	T	E	R	L	L	I	T	E	S	F	O	L	T	E	T	I	C	H	T	A	R	G	R	E	"

Aufgabe 1: *Vervollständige die Entschlüsselung der Mitteilung.*
(Sechs Buchstaben bilden immer einen Block, der einzufügen ist.)

„	A	M			K	T	O																										R
E	R	S			A	T	E																										"

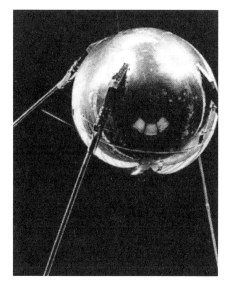

In den westlichen Ländern löste diese Nachricht einen Schock aus, der nach dem „Schuldigen" benannt wurde. Hier siehst du ihn. Sein Durchmesser betrug 58 cm, und er wog 83,6 Kilogramm.

Aufgabe 2: *Wie erklärst du dir, dass die Mitteilung in den westlichen Ländern wie eine Unglücksbotschaft aufgenommen wurde?*

_____

_____

_____

_____

Mein Kommentar:

Aufgabe 3: *Schreibe für eine sowjetische oder eine amerikanische Zeitung einen Kommentar über dieses Ereignis.*

Aufgabe 4: *Vergleicht eure Kommentare und sprecht darüber.*

Aufgabe 5: *Welche Folgen hatte das Ereignis für die Hauptkontrahenten des Kalten Kriegs?*

_____

_____

Der oder die oder wir
Sieger der Kuba-Krise?

So beschrieben ein Dokumentarfilmer und ein Historiker eine überaus bedeutsame Situation aus der Zeit des Kalten Krieges.

Aufgabe 1: *Wie reagierten die USA auf das Bekanntwerden der Raketenstationierung?*

„Am Sonntagmorgen, dem 14. Oktober [1962], fotografierte ein U-2-Spionageflugzeug die im Bau befindlichen Raketenstellungen … im Westen Kubas. Die Aufnahmen wurden am nächsten Tag analysiert, und am späten Abend lagen die Berichte auf dem Schreibtisch von McGeorge Bundy, dem Sicherheitsberater des Präsidenten. Kennedy reagierte auf die Mitteilung schockiert. Das sei gerade so, meinte er, ‚als würden wir in der Türkei eine große Zahl [von Raketen] aufstellen‘. Ein Berater musste ihn erinnern: ‚Nun, wir haben dort bereits Raketen aufgestellt, Mr. Präsident.‘“

(Isaacs/ Downing: Der Kalte Krieg. München und Zürich 1999 [Diana], S. 193.)

Aufgabe 2: *Worin bestand die Gefährlichkeit dieser Situation? Die Karikatur hilft dir bei der Antwort.*

Aufgabe 3: *Wie wurde die Krise schließlich gelöst?*

Aufgabe 4: *Beide Seiten erhoben später den Anspruch, als Sieger aus der Krise hervorgegangen zu sein. Fixiere deinen Standpunkt dazu und begründe ihn.*

Aufgabe 5: *Stellt nun fest, ob es in eurer Klasse unterschiedliche Standpunkte zu der Frage nach dem Sieger der Kuba-Krise gibt. Führt in diesem Falle eine Pro-und-Kontra-Diskussion und geht so vor:*
- *Die Vertreter gleicher Standpunkte bilden jeweils eine Gruppe und begründen ihre Position.*
- *Die Sprecher der Gruppen tragen ihre Standpunkte vor.*
- *Stimmt nun über die unterschiedlichen Positionen ab und vergleicht sie mit eueren Anfangsmeinungen.*
- *Stellt fest, welche Argumente zu den Meinungsänderungen beigetragen haben.*

Kalter Krieg – die Welt am Abgrund des Atomkriegs

Rechts findest du einige Ereignisse, die mit dem Begriff des „Kalten Krieges" und seiner Beendigung verbunden werden:

Einmarsch der Warschauer Truppen in die ČSSR (_____),

Raketenstationierung (_____), Glasnost und Perestroika (_____),

Vietnamkrieg (_____), Koreakrieg (_____), Kubakrise (_____),

Abkommen von Helsinki (_____), Afghanistan-Invasion (_____),

Mauerbau (_____), Zerfall des sozialistischen Lagers (_____)

Aufgabe 1: *Versieh die Ereignisse in den Klammern mit den jeweiligen Jahreszahlen.*

Aufgabe 2: *Markiere nun die Jahreszahlen auf der Verlaufskurve und schreibe die Ereignisse dazu.*

Aufgabe 3: *Gib der Karikatur eine Unterschrift.*

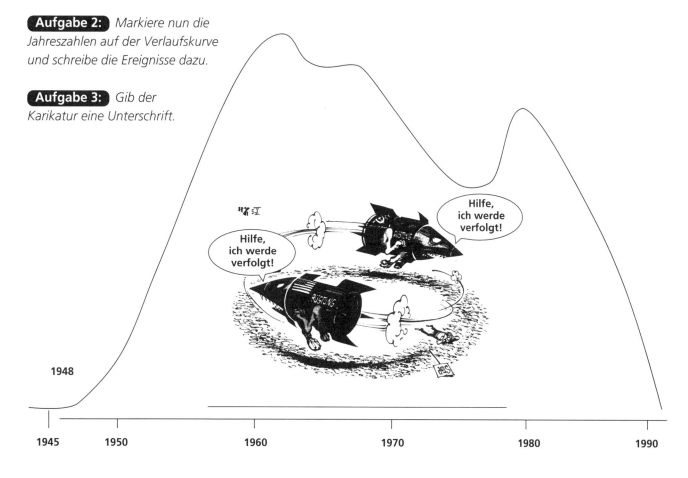

1948

1945   1950   1960   1970   1980   1990

Aufgabe 4: *Begründe, weshalb in der Kurve ein Ereignis den Höhepunkt der atomaren Gefahr darstellte.*

_____

_____

Aufgabe 5: *Was hat die Aussage der Karikatur mit den Ereignissen der Verlaufskurve zu tun?*

_____

_____

_____

Über sie sprach damals die Welt

Aufgabe 1:	a) Wer war es?	b) Woher kam die Persönlichkeit?	c) Wodurch wurde sie berühmt?

Aufgabe 2: Kreuze die Persönlichkeit an, die dich am meisten interessiert. Begründe.

Wer bedroht wen?

Aufgabe 1: *Beide Supermächte warfen sich im „Kalten Krieg" wechselseitig Bedrohungen vor. Eine Reihe dieser gegenseitigen Vorwürfe sind im Folgenden aufgeführt. Ordne diese in das Schema 1 oder 2 ein. Schreibe, wenn möglich, eine Jahreszahl dazu.*

Berlin-Blockade, Sputnikschock, Afghanistan-Intervention, SDI, Vietnamkrieg, NATO, Raketenstationierung auf Kuba, Mauerbau, 1000 Militärbasen im Ausland, Truman-Doktrin, Überlegenheit an atomaren Mehrfachsprengkörpern, Brechung des Atomwaffenmonopols, Warschauer Vertrag, Atombombenmonopol, Nachrüstungsbeschluss, Breshnew-Doktrin, Militärintervention in Mittelamerika, Überlegenheit an Landstreitkräften und Mittelstreckenraketen, Errichtung von Satellitenstaaten, Raketenstationierung in der Türkei

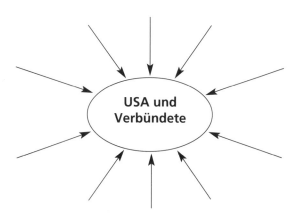

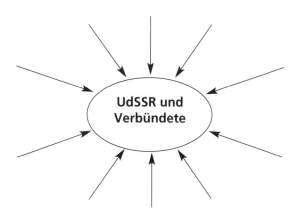

Aufgabe 2: *Interpretiere zwei Ereignisse unter dem Gesichtspunkt der tatsächlichen Bedrohung für den Gegner.*

Tauwetter

Eine Karikatur aus dem Jahre 1990 will uns im Nachhinein die Bedeutung der Konferenz für Sicherheit und Zusammenarbeit in Europa vor Augen führen.

Aufgabe 1: *Formuliere kurz die Aussage der Karikatur.*

_____

_____

Aufgabe 2: *Dem so genannten „Korb 3" der Schlussakte von Helsinki, der sich mit humanitären Fragen befasst, sind diese Punkte entnommen. Entschlüssele sie.*

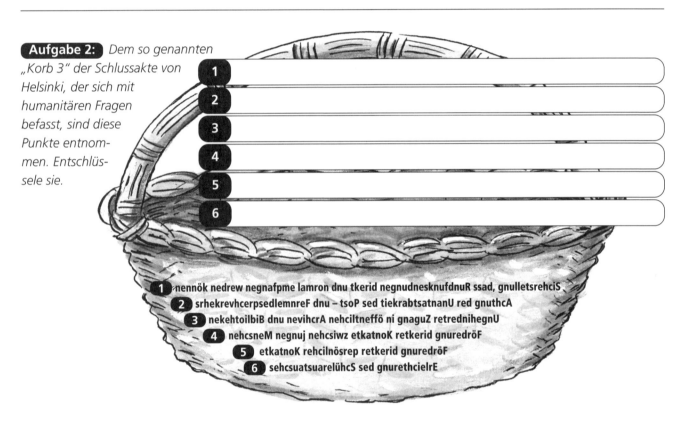

1. nennök nedrew negnafpme lamron dnu tkerid negnudnesknufdnuR ssad, gnulletsrehciS
2. srhekrevhcerpsedlemnreF dnu – tsoP sed tiekrabtsatnanU red gnuthcA
3. nekehtoilbiB dnu nevihcrA nehciltneffö ni gnaguZ retrednihegnU
4. nehcsneM negnuj nehcsiwz etkatnoK retkerid gnuredröF
5. etkatnoK rehcilnösrep retkerid gnuredröF
6. sehcsuatsuarelühcS sed gnurethcielrE

Aufgabe 3: *Erkläre nun anhand zweier Beispiele, wieso auch die Bestimmungen des „Korbs 3" zum Abschmelzen des Eises zwischen den Blöcken beitragen konnten.*

Beispiel 1 _____

_____

_____

_____

Beispiel 2 _____

_____

_____

_____

Vier Fotos dokumentieren den Wandel

Bereits in den Jahren 1956, 1970 und 1976 hatte es in Polen große Streikbewegungen gegeben. Sie waren immer mit Waffengewalt unterdrückt worden, zahlreiche Arbeiter starben oder wurden inhaftiert. 1980 wurde die unabhängige Gewerkschaft „Solidarität" unter der Führung von Lech Walesa gegründet. Am 13.12.1981 beendete das polnische Militär den polnischen Sommer. „Solidarność" wurde verboten, zwei Jahre galt das Kriegsrecht in Polen. Doch es bewirkte auf Dauer nichts.

Die vier nachfolgenden Fotos wurden in den Jahren 1988 und 1989 von Fotografen der unabhängigen Agentur „dementi", die der „Solidarność" nahe stand, in Wroclaw gemacht.

29.07.1988 Protestkundgebung

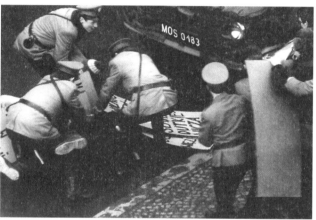

22.03.1989 Ostermarsch

Aufgabe 1: *Beschreibe, was sich in den Jahren 1988 und 1989 in Wroclaw ereignet hat und achte besonders darauf, wie sich das Auftreten der Polizeikräfte gegenüber der „Solidarność" veränderte. Wie erklärst du dir das?*

_____

_____

_____

_____

25.04.1989 Happening

Aufgabe 2: *Finde eine Erklärung dafür, dass sich die Gruppe von Fotografen 1982 den Namen „dementi" (von dementieren, widerrufen, richtig stellen) gab.*

_____

_____

_____

_____

_____

04.06.1989 Parlamentswahlen

Bilder und Texte zur Zeit

Aufgabe 1: *Ordne Bilder und Texte den übergeordneten Begriffen in der linken Spalte zu.*

Beginn Kalter Krieg		Michail Gorbatschow 1987: „Die Umgestaltung ist kein Spaziergang auf einem planierten Weg. Es ist die Besteigung eines Berges, häufig auf Pfaden, die noch nie jemand begangen hat."	Eisenhower am 12.3.1947: „Ich glaube, es muss die Politik der Vereinigten Staaten sein, freien Völkern beizustehen."
Höhepunkt Kalter Krieg		Kennedy 1962: „Ich appelliere an den Vorsitzenden Chruschtschow, diese verheimlichte, rücksichtslose und provokative Bedrohung des Weltfriedens zu beenden ..."	
Tschernobyl		Lech Walesa: „Ich sagte zu dem Mann, der mich verhaftete: ‚Das ist der Augenblick eurer Niederlage. Das sind die letzten Nägel im Sarg des Kommunismus.'"	Programm der KPdSU 1961: „Der Kommunismus verleiht dem Menschen eine ungeahnte Macht über die Natur und ermöglicht es, deren Elementargewalten in immer höherem Maße und immer vollständiger zu lenken."
Gewerkschafts-bewegung in Polen			
Perestroika	Der Journalist Alexander Abdullim: „Die radioaktive Verseuchung um das Atomkraftwerk herum ist noch immer so hoch, dass während des nächsten Jahrtausends ein Leben in Tschernobyl, Pripjat und vielen anderen Dörfern ausgeschlossen ist."		Aus dem Programm der Solidarność: „Der Staat muss dem Menschen dienen und darf nicht über ihn herrschen, die Organisierung des Staates muss der Gesellschaft dienen und darf nicht von einer einzigen politischen Partei monopolisiert werden."

Aufgabe 2: *Löse die Aufgabe in einer dir sinnvoll erscheinenden Form.*

Beginn Kalter Krieg			
Höhepunkt Kalter Krieg			
Tschernobyl			
Gewerkschafts- bewegung in Polen			
Perestroika			

Gewaltfrei in die Zukunft – Mahatma Gandhi

Mahatma Gandhi wurde nach der Unabhängigkeit Indiens von der britischen Kolonialmacht von fanatischen Glaubensgegnern 1948 ermordet. Viele bedeutende Persönlichkeiten der Welt äußerten sich zu seinem Andenken.

Der Physiker Albert Einstein schrieb über ihn:

*„Ein Führer seines Volkes, ohne von äußerer Autorität gestützt zu sein, ein Politiker, dessen Erfolg nicht auf der Beherrschung und Meisterung technischer Mittel beruht, sondern einfach auf der überzeugenden Kraft seiner Persönlichkeit, ein siegreicher Kämpfer, der immer die Anwendung von Gewalt verschmähte, ein Mann von Weisheit und Bescheidenheit, gewappnet mit entschlossener und unbeugsamer Widerstandskraft, der seine ganze Stärke der Erhebung seines Volkes und der Verbesserung seines Loses weihte, ein Mann, welcher der Brutalität Europas die Würde des schlichten Menschenwesens entgegenstellte und sich so alle Male überlegen erwies.
Künftige Generationen werden es vielleicht kaum glaubhaft finden, dass ein Mensch wie dieser jemals in Fleisch und Blut auf dieser Erde einherwandelte."* (Zitiert nach: Rau, Heimo: Mahatma Gandhi; Rheinbek bei Hamburg, 1970, S.134)

Aufgabe 1: *Suche aus dem Text Eigenschaften Gandhis heraus, die ihn zu einem so bedeutenden Führer des indischen Volkes machten.*

_____ _____

_____ _____

Aufgabe 2: *Bilder vom Einsatz berittener Polizei mit Schlagstöcken und Revolvern gegen Demonstranten für die Unabhängigkeit waren in Indien unter der britischen Kolonialmacht keine Seltenheit. Versuche zu erklären, warum Mahatma Gandhi trotzdem an seiner Vorstellung der völligen Gewaltlosigkeit festhielt.*

_____

_____

_____

Aufgabe 3: *Gandhi stand für das Prinzip der Gewaltlosigkeit. Wie bewahrt Indien heute sein Vermächtnis? Der indische Politiker Hem Barua schreibt dazu: „Es ist unglücklicherweise wahr, dass Indien Gandhi auf eine höchst vulgäre Art in den Abfalleimer der Geschichte geworfen hat." Wie stehst du zu dieser Meinung?*

_____

_____

„Die lange, lange Nacht ist vorüber ..."

hieß es in einer feierlichen Erklärung schwarzer Politiker im Herbst 1945. Aber es war noch ein weiter Weg bis zur völligen staatlichen Unabhängigkeit der afrikanischen Völker. Anhand einiger afrikanischer Länder sollst du dir einen Überblick über den zeitlichen Ablauf des Unabhängigkeitsprozesses Afrikas nach 1945 verschaffen.

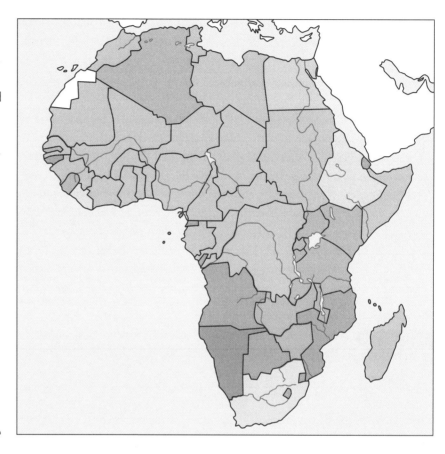

Aufgabe 1: Trage zunächst die Namen der folgenden zwölf Staaten in die Karte ein:
Angola, Tansania, Libyen, Marokko, Namibia, Togo, Sudan, Niger, Zaire, Kenia, Mocambique, Simbabwe.

Aufgabe 2: Ordne diese Länder nun chronologisch nach dem Jahr ihrer Unabhängigkeit in die Tabelle ein. Verwende dazu dein Lehrbuch als Hilfe. Trage den Namen der ehemaligen Kolonialmächte in die rechte Spalte ein.

Jahr	Staat	Ehemalige Kolonialmacht

Aufgabe 3: 1945 war „die lange, lange Nacht" offensichtlich noch nicht vorüber. Wie bewertest und erklärst du die Situation vieler afrikanischer Länder heute?

_____

_____

Mangel durch Überfluss

„500 Jahre Beherrschtwerden und Unterdrückung haben bewirkt, dass Afrika jetzt in den 90er Jahren am Rande der Vernichtung steht." Dies schrieb der Vorsitzende des „Eine Welt" Partnerschaftsforums Kenya Musa Njiru. Es heißt weiter:

„Ich wurde in einem kleinen afrikanischen Dorf am Berghang von ‚Mount Kenia' geboren. Im Jahre 1984 erlitt Kenya eine schwere Dürre, deren Ergebnis es war, dass es in einigen Teilen des Landes zu Hungersnöten kam. Unter den am schlimmsten Betroffenen war mein Dorf. Eine amerikanische Agentur kam mit einer vorbereiteten Antwort darauf. Ihre Methode war ganz einfach: so viele Lebensmittel wie möglich von anderen Teilen des Landes kaufen, wo es keine Dürre gab, und dann diese Lebensmittel kostenlos unter den Dorfbewohnern verteilen. Deswegen bekam mein Dorf die Auswirkungen dieser Hungerzeit nicht zu spüren … In der Tat, es gab so viele Lebensmittel, dass einige ‚einfallsreiche' Dorfbewohner ein Büro eingerichtet hatten, um das Überangebot an die umliegenden Dörfer zu verkaufen, die keinen Anteil an dieser ‚Manna vom Himmel' hatten. Der traurige Teil der Geschichte ist, dass im März, … als es zu regnen anfing, ich Zeuge von etwas wurde, was ich in meinem ganzen Leben nicht für möglich gehalten hätte – die Dörfer pflanzten einfach nichts mehr an. Und das ist mein Punkt: Es regnete, und die Dorfbewohner versäumten es, etwas anzupflanzen, wie es sonst immer üblich war. Inzwischen war die amerikanische Agentur ausgezogen, und bei der nächsten Ernte hatten die Dorfbewohner keine Lebensmittel, und darüber hinaus gab es keine ‚Manna vom Himmel'."

(Musa Njiru, Nord-Süd-Zusammenarbeit – Aus dem Blickwinkel eines Afrikaners, in: Die Entwicklungspolitik der EG: Vom Poternalismus zur Partnerschaft, zsgest. u. eingel. v. Otto Schmuck, Materialien zur Europapolitik, Bd. 11, Bonn, Europa Union Verlag, 1992)

Aufgabe 1: Welche großen Probleme bestehen in weiten Teilen Afrikas? Beziehe in deine Überlegungen auch die Abbildung im Hintergrund ein.

Aufgabe 2: Erkläre, wie durch die oben erwähnte Agentur Entwicklungshilfe betrieben wurde.

Aufgabe 3: Welches Argument spricht für, welches gegen diese Form von Hilfe?

Aufgabe 4: Welche weiteren Formen der Entwicklungshilfe sind dir bekannt?

Aufgabe 5: Für welche Form von Entwicklungshilfe würdest du dich einsetzen wollen? Begründe.

„Homelands" = „Heimatländer"?

Ab 1954 verfügte die Regierung Südafrikas die Gründung sog. Homelands, auch Bantustans genannt. Das waren Gebiete, in die die schwarze Bevölkerung des Landes zwangsweise eingewiesen wurde. Hier sollte sie in eigenen Staaten bzw. selbstverwalteten Regionen ihre „Heimat" finden, so verkündete es die Regierung. Hatten damit die schwarzen Afrikaner endlich eine Heimat in ihrem eigenen Land gefunden?

Dieses Foto hätte in einer Tageszeitung aus den Jahren vor 1994 erscheinen können, um auf die Situation der schwarzen Bevölkerung Südafrikas aufmerksam zu machen.

Aufgabe 1: *Finde für diese Abbildung mögliche Überschriften.*

_____

_____

Aufgabe 2: *Notiere Stichwörter zur Lebenssituation der Frauen in den Homelands, für die du auch Informationen aus dem Gedicht verwendest.*

_____

_____

_____

_____

_____

Aufgabe 3: *Überprüfe deine Kenntnisse über die Apartheid der Jahre 1948 bis 1994 in Südafrika. Kreuze die richtige Lösung an.*

Der Begriff Apartheid bedeutete nach der Propaganda der südafrikanischen Regierung

◯ *„getrennte Entwicklung"* ◯ *„bewusste Entwicklung"*

Viele Rassengesetze wurden erlassen, um das Zusammenleben der Menschen

◯ *unmöglich zu machen* ◯ *kontrollieren zu können*

Südafrika war der einzige Staat in der Welt, in dem die Rassentrennung

◯ *vom Staat praktiziert wurde* ◯ *in der Verfassung festgeschrieben war.*

Lindiwe Mabuza
Das Leben der Frauen in den Bantustans

Sie wachen jeden Morgen auf
von dem Bohrgeräusch der Holzkäfer
oder aufgeschreckt von falschem Alarm:
Die Asche im Herd ist kalt
und erinnert sie
an die tagtägliche Speisekarte:
ein Abendessen, das niemanden satt macht.
Fremder, weißt du eigentlich noch,
wie ein hungriger Magen knurrt?

Sie wäscht ihr Gesicht
mit ein paar Tropfen Spucke
und küsst die verschlafenen Augen
ihres Kindes wach.
Kannst du dir vorstellen, Fremder,
wie ein Körper brennen kann,
wenn es kein Wasser gibt zum Waschen?

Sie macht ihre Verrichtungen,
als wäre sie gar nicht zuhaus,
sie fühlt sich ausgedorrt wie
eine leere Flasche, leergeweint
und mit trockenem Mund.
Überall wird sie von Vorschriften
eingeengt. Tag für Tag bleibt sie
an den Herd und die Kinder gekettet,
sie starrt auf ein Land, das
von der Dürre ausgezehrt
und wie zerrissen ist …

(Zitiert nach: Bilder aus Südafrika. Alltag der Apartheid. Den Opfern der Apartheid gewidmet zum 75. Jahrestag des ANC. Köln 1987 [Pahl Rugenstein] S. 114 f.)

Eine unendliche Geschichte ...?

Unruhen in Nahost fordern fünf Todesopfer

Jerusalem (AP). Bei Unruhen in den palästinensischen Autonomiegebieten sind gestern erneut fünf Menschen getötet worden. Ein Palästinenser eröffnete an einem israelisch kontrollierten Grenzübergang zwischen dem Gaza-Streifen und Ägypten das Feuer auf ein israelisches Fahrzeug. Eine Grenzbeamtin wurde tödlich getroffen, ihr Begleiter leicht verletzt. Israelische Soldaten erschossen im Gazastreifen zwei Palästinenser, darunter einen 16-jährigen Jungen. In der Nacht erlagen zwei palästinensische Jugendliche ihren Verletzungen, die sie während der Unruhen erlitten hatten.

Israel warnt Arafat vor einseitigem Schritt

Jerusalem (dpa). Der israelische Regierungschef Ehud Barak sieht bei einer einseitigen Ausrufung eines Palästinenserstaates die Stabilität in der Region gefährdet. In einem Brief an Regierungschefs in aller Welt erklärte er, die Palästinenser könnten nur über Verhandlungen einen unabhängigen und lebensfähigen Staat erhalten. Palästinenserpräsident Jassir Arafat will am 15. November entscheiden, ob angesichts der jüngsten Unruhen ein unabhängiger Staat proklamiert werden soll. Arafat reiste zu Gesprächen nach Kairo und will anschließend zu Konsultationen mit US-Präsident Bill Clinton nach Washington fliegen.

Siedler blockieren Palästinenser-Dörfer

Jerusalem (dpa). Nach Abriegelung der Palästinensergebiete durch die israelische Armee in der Nacht zum Dienstag haben jüdische Siedler in Teilen des Westjordanlandes mit der Isolierung palästinensischer Dörfer begonnen. Nach palästinensischen Angaben sperrten sie Zufahrtstraßen zu Dörfern im Gebiet um Ofra, wo am Montag drei Israelis, darunter eine jüdische Siedlerin von Palästinensern erschossen worden waren. In Ramallah brach nach Gerüchten über einen bevorstehenden israelischen Luftangriff Panik aus.

Aufgabe 1: *Das sind Nachrichten aus einer Tageszeitung vom 9. und 15. November 2000. Was ist ihr gemeinsamer Inhalt?*

_____

_____

_____

Aufgabe 2: *Seit wann bewegt uns dieser Konflikt? Verschaffe dir anhand einiger Fakten einen Überblick. Ordne dazu nachfolgende Ereignisse in die Tabelle ein:*
Aufstand der Palästinenser (Intifada), Sechstagekrieg, Gründung Israels, Camp-David-Abkommen, Anerkennung des Existenzrechts Israels und der PLO als Vertreterin der Palästinenser, 2. Israelisch-arabischer Krieg

Jahr	Ereignis
1948	
1956	
1967	
1978	
1987	
1993	

Ein Karikaturist zeichnete seine Vorstellung von einer Lösung des israelisch-palästinensischen Problems. Ist es die Lösung?

Aufgabe 3: *Fasse die Aussage der Karikatur in einem Satz zusammen.*

_____

_____

_____

Der Sprung über den eigenen Schatten

Aufgabe 4: *Wie ist deine Meinung dazu?*

_____

_____

Chinas schwierigstes Problem

Seit dem Sieg der volksdemokratischen Revolution im Jahre 1949 konnte China seine landwirtschaftliche Produktion mehr als verdoppeln. Im gleichen Maße wuchs aber auch die Bevölkerung. Der Staat förderte zunächst diese Entwicklung, weil er der Meinung war, dass auch Menschen die Stärke eines Staates ausmachen. Aus einer solchen Politik ergab sich ein schwerwiegendes Problem für China.

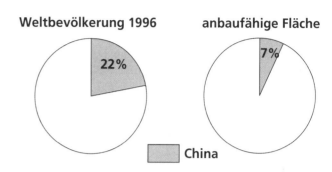

Weltbevölkerung 1996

22%

anbaufähige Fläche

7%

China

Aufgabe 1: Formuliere das Problem Chinas. Werte dazu die beiden Kreisdiagramme aus:

_____

_____

Im Jahr 2000 ist die Bevölkerungszahl der Volksrepublik China auf rund 1,3 Milliarden Menschen angestiegen. Daraus ergeben sich für das Land neben dem Ernährungsproblem weitere Schwierigkeiten.

Aufgabe 2: Benenne weitere Problembereiche, die sich aus dieser Entwicklung ergeben. Die Abbildungen sollen dir dabei helfen.

_____

_____

_____

Aufgabe 3: Die chinesische Regierung propagiert seit einigen Jahren die sog. „Ein-Kind-Politik". Bei strikter Einhaltung hätte sie zur Folge, dass in 100 Jahren die Bevölkerung Chinas rund 700 Millionen Menschen zählte. Wie stehst du zu einer solchen Bevölkerungspolitik?

_____

_____

_____

Wir und die „Dritte Welt"

Die Karikatur macht auf ein besonderes Problem der Länder der „Dritten Welt" aufmerksam. Analysiere die Zeichnung anhand folgender Fragen.

Aufgabe 1: *Aus welchem Teil der Erde könnte der Reporter stammen?*

_____

Aufgabe 2: *Welche Entwicklungsländer könnten sich hinter den befragten Personen verbergen?*

_____

_____

Aufgabe 3: *Welches Problem wird mit der Karikatur angesprochen?*

_____

Aufgabe 4: *Welche Lösungsansätze für dieses Problem sind dir bekannt und wie schätzt du sie ein?*

_____

_____

O	I	J	N	A	H	O	S	T	D	O	P	Ü	D	E	S
L	O	U	N	A	B	H	Ä	N	G	I	G	K	E	I	T
E	I	H	D	S	Ü	D	A	F	R	I	K	A	M	O	S
T	N	P	V	W	A	F	H	D	G	A	N	D	H	I	O
M	D	L	U	A	P	A	R	T	H	E	I	D	E	D	W
A	I	O	M	M	A	N	D	E	L	A	K	N	F	A	E
O	E	L	D	E	L	C	H	I	N	A	O	P	D	G	T
J	N	G	T	M	Z	I	O	N	I	S	M	U	S	E	O
K	U	L	T	U	R	R	E	V	O	L	U	T	I	O	N

In diesem Buchstabenrätsel sind einige wichtige Namen und Begriffe zum Thema Dritte Welt versteckt.

Aufgabe 5: *Finde die Namen und Begriffe heraus und ordne sie den Oberbegriffen zu.*

Begriffe	*Regionen*	*Personen*
_____	_____	_____
_____	_____	_____
_____	_____	_____
_____	_____	
_____	_____	

Zwei unterschiedliche deutsche Verfassungen

Aufgabe 1: *Übersetze nachfolgende Grundelemente einer demokratischen Verfassung mit einem deutschen Wort. Benenne diese drei Gewalten innerhalb des Schemas. Hebe sie farbig hervor.*

Legislative: _____

Exekutive: _____

Jurisdiktion: _____

Aufgabe 2: *Worin besteht der Vorzug der Dreiteilung der Gewalten?*

_____

_____

Grundschema einer demokratischen Verfassung

Präsident

Oberstes Gericht

Regierung

Gesetze

PARLAMENT

VOLK

Aufgabe 3: *Vervollständige das Schemagerüst durch eine entsprechende Beschriftung und Pfeilführung. Benenne die drei Gewalten im Schema und kennzeichne sie farbig.*

Aufgabe 4: *Vergleiche mit dem Grundschema. Was stellst du fest?*

_____

_____

_____

Grundgesetz der Bundesrepublik Deutschland

LÄNDER

VOLK

Aufgabe 5: *Vervollständige das Schemagerüst durch eine entsprechende Beschriftung und Pfeilführung. Erkennst du Gewalten? Welche? Benenne sie im Schema. Hebe sie farbig hervor.*

Aufgabe 6: *Vergleiche mit dem Grundschema. Was stellst du fest?*

_____

_____

Aufgabe 7: *Worin besteht der grundlegende Unterschied zum Grundgesetz? Hebe das auch farbig hervor.*

_____

_____

Verfassung der DDR

Zentralkomitee der SED

VOLKSKAMMER

VOLK

„Adenauer-Ära"

Aufgabe 1: *Vervollständige die grafischen Darstellungen, indem du die Leerzeilen ergänzt. Wenn mehrere Sachverhalte für eine ideale Antwort erwartet werden, sind dir diese durch eine entsprechende Anzahl von Punkten (●) signalisiert.*

Politik nach Westen:

NATO:

_____

Frankreich:

_____

Fazit: _____

_____

Innenpolitische Erfolge:

● _____

● _____

Innenpolitische Probleme:

● _____

● _____

Politik nach Osten:

DDR:

● _____

● _____

UdSSR:

● _____

● _____

Grenzen im Osten:

_____

Fazit: _____

_____

Wirtschafts„wunderland" Deutschland

Bedeutung für das persönliche Leben der meisten Bundesbürger:

„(_____)-welle"

„(_____)-welle"

„(_____)-welle"

„(_____)-welle"

Bedeutung für Wirtschaft und Gesellschaft:

(_____)

(_____)

(_____)

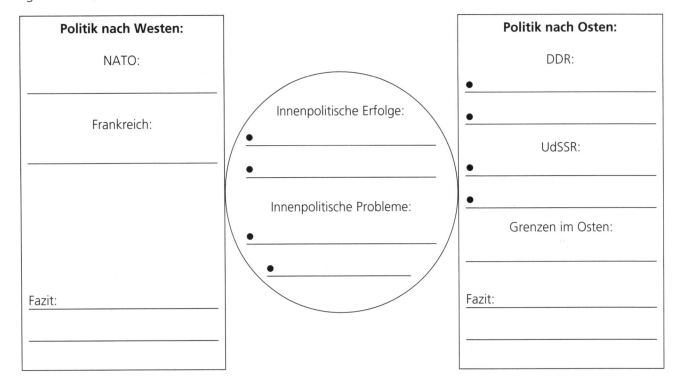

Dr. Hans Globke – Staatssekretär von Bundeskanzler Adenauer

Globke war in den 50er Jahren Staatssekretär im Bundeskanzleramt.
Was für eine NS-Vergangenheit hatte Dr. Globke? Zusammen mit seinem damaligen Chef im NS-Ministerium des Innern, Dr. Stuckart, verfasste er zu den Nürnberger Gesetzen von 1935 den Rechtskommentar.

Aufgabe 1: *Erinnere dich, was beinhalteten die Nürnberger Gesetze?*

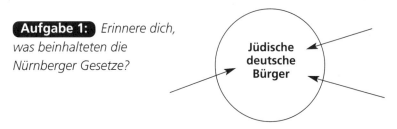

Jüdische deutsche Bürger

Aufgabe 2: *Welche Rolle spielten die Nürnberger Gesetze bei der Vorbereitung des Holocaust?*

Aufgabe 3: *Nachfolgend findest du Auszüge aus diesem Rechtskommentar. Arbeite in Stichworten heraus, worin bei den einzelnen Zitaten der antisemitische Gehalt jeweils besteht.*

Das rassische Denken des Nationalsozialismus bedeutet ferner eine Abkehr von dem liberalistischen Grundsatz, von der Gleichheit aller Menschen. Volk und Staat können nur gedeihen, wenn die besten Kräfte führen und wenn sie stark genug sind, um führen zu können ... (S. 13)	
Da das Judentum in seinem Blute und innersten Wesen nach dem Deutschtum artfremd ist, sind Spannungen zwischen beiden Völkern die notwendige Folge. Die jedes Rassengefühls ermangelnden vergangenen Jahrzehnte glaubten, diese Spannungen durch eine wahllose Vermischung und geistige Annäherung beseitigen zu können. (S. 15)	
Wer dreiviertel oder mehr jüdische Erbmasse hat, gilt daher ohne weiteres als Jude; desgleichen wird derjenige Teil der Halbjuden, den bereits das Leben durch Religionsbekenntnis oder Heirat zum Judentum sortiert hat, auch rechtlich dem Judentum zugeteilt ... (S. 19)	
Rassefremdheit kennzeichnet insbesondere das Judentum, das einen Fremdkörper in allen europäischen Völkern bildet. Bei Juden kann deshalb auch die Eignung zum Dienst am Volk und Reich nicht zuerkannt werden. Ihnen muss daher die Reichsbürgerschaft versagt bleiben ... (S. 28/29)	

Aufgabe 4: *Vermute, warum Bundeskanzler Dr. Adenauer, der selber von den Nazis geächtet war, sich solch einen Staatssekretär ausgewählt hat? Kreuze eine oder mehrere der folgenden Aussagen an und begründe mündlich deine Vermutung:*

1. *Adenauer wusste nichts von der nazistischen Vergangenheit Globkes.*
2. *Er wusste davon, hielt aber Globkes Verhalten in der NS-Zeit für nicht so belastend.*
3. *Die Festigung der Bundesrepublik unter Einbeziehung aller politischen Kräfte war ihm wichtiger als eine NS-Belastung von Mitarbeitern.*
4. *Globke war ihm von seinem Umfeld untergeschoben worden.*
5. *Er wollte mit einer solchen personellen Entscheidung einen Schlussstrich unter die Vergangenheit ziehen.*

Wie überzeugend ist die Rechtfertigung des Mauerbaus?

Aus dem Beschluss des Ministerrats der DDR vom 12.8.1961. Veröffentlicht im ND vom 13.8.1961:

„Die Erhaltung des Friedens erfordert, dem Treiben der westdeutschen Revanchisten und Militaristen einen Riegel vorzuschieben und durch den Abschluss eines deutschen Friedensvertrages den Weg zu öffnen für die Sicherung des Friedens und die Wiedergeburt Deutschlands als friedliebender, antiimperialistischer, neutraler Staat. Der Standpunkt der Bonner Regierung, der zweite Weltkrieg sei noch nicht zu Ende, kommt der Forderung gleich auf Freiheit für militaristische Provokationen und Bürgerkriegsmaßnahmen. Diese imperialistische Politik, die unter der Maske des Antikommunismus geführt wird, ist die Fortsetzung der aggressiven Ziele des faschistischen deutschen Imperialismus zur Zeit des Dritten Reiches …
Zur Unterbindung der feindlichen Tätigkeit der revanchistischen und militaristischen Kräfte Westdeutschlands und Westberlins wird eine solche Kontrolle an den Grenzen der deutschen Demokratischen Republik einschließlich der Grenze zu den Westsektoren von Groß-Berlin eingeführt, wie sie an den Grenzen jedes souveränen Staates üblich ist. Es ist an den Westberliner Grenzen eine verlässliche Bewachung und eine wirksame Kontrolle zu gewährleisten, um der Wühltätigkeit den Weg zu verlegen. Diese Grenzen dürfen von den Bürgern der Deutschen Demokratischen Republik nur noch mit besonderer Genehmigung passiert werden.“

(Zitiert aus: Weber, H. [Hrsg.] DDR. Dokumente zur Geschichte …, München 1986 [dtv], S. 250 f.)

Aufgabe 1: *Wie erklärt der Ministerrat der DDR die Notwendigkeit des Mauerbaus?*

_____

_____

Aufgabe 2: *Welchen inhaltlichen Widerspruch in dieser Argumentation machst du aus? (Wen gibt man vor zu treffen und welche Menschen in Ost (Text) und West (Abbildung) sind durch den Beschluss besonders betroffen?)*

_____

_____

Aufgabe 3: *Ordne diese Darstellung in deine Geschichtskenntnisse ein. Was weißt du über die Gründe zur Errichtung der Berliner Mauer?*

_____

_____

Aufgabe 4: *Warum verwendete man in der DDR die obige Begründung für den Mauerbau?*

_____

_____

Von Brandt zu Kohl

Aufgabe 1: *Vervollständige die grafischen Darstellungen, indem du die Leerzeilen ergänzt. Wenn mehrere Sachverhalte für eine ideale Antwort erwartet werden, sind dir diese durch eine entsprechende Anzahl von Punkten (●) signalisiert.*

Sozialliberale Regierungen

Brandt (von _____ bis _____)

Schmidt (von _____ bis _____)

Innen-
politische Erfolge:

● _____

● _____

Probleme:

● _____

● _____

● _____

● _____

● _____

NATO 1978 _____

_____

_____

Neue Ostpolitik:

UdSSR _____

_____

P _____

DDR _____

_____

Europa _____

_____

Regierung Kohl

(von _____ bis _____)

Innen-
politische Erfolge:

● _____

● _____

Probleme:

● _____

● _____

● _____

● _____

EU _____

_____

_____

DDR _____

_____

ab 1990 _____

_____

_____

_____

_____

Kennst du den?

Ähnlich wie Karikaturen oder satirische Gedichte nehmen politische Witze bestimmte Seiten der herrschenden Zustände aufs Korn. So war es auch in der DDR, in der politische Witze zum Alltag der Menschen gehörten.

Aufgabe 1: *Erkläre, über welche Erscheinungen in Wirtschaft und Gesellschaft sich die Menschen in der DDR mit folgenden Witzen lustig machten.*

Was macht ein DDR-Bürger, wenn er eine Schlange sieht? (Das Foto belegt es: Er stellt sich an.)

Ein amerikanischer Farmer protzt: „Meine Ranch ist riesig. Mit dem Pferd brauche ich einen ganzen Vormittag, um sie einmal zu umrunden." Der Kolchosvorsitzende wirft stolz ein: „Ich brauche mehrere Tage, um unseren Kolchos einmal mit dem Auto zu umfahren." „So ein Auto fahre ich auch", meint daraufhin der LPG-Vorsitzende.

„Kennst du den Unterschied zwischen deinem Bier und der SED?", fragt ein Betrunkener einen neben ihm Sitzenden an der Bar. Als dieser verneint, löst er sein Rätsel: „Das Bier ist flüssig, die Partei ist überflüssig." „Nun habe ich eine Frage: Kennen Sie den Unterschied zwischen Ihnen und Ihrem Bier? Ihr Bier bleibt hier, Sie kommen mit."

„Die drei größten Staaten der Welt beginnen mit einem ‚U'. Kennst du sie?" (UdSSR, USA und Unsere Republik)

Die ersten Programmpunkte des SED-Zentralkomitees bei Tagungen
1. *Hereintragen der Mitglieder des Politbüros*
2. *Überprüfen der Herzschrittmacher*
3. *Gemeinsames Singen des Liedes „Wir sind die junge Garde des Proletariats"*

Aufgabe 2: *Wie erklärst du es dir, dass in der DDR politische Witze so beliebt waren?*

Zwei Fotografien – ein Sachverhalt

Erst nach dem Machtantritt Gorbatschows wurde ein mehrmals geplanter
Besuch Erich Honeckers im September 1987 in der Bundesrepublik möglich.
Von diesem Ereignis gibt es viele Fotos. Zwei wollen wir näher betrachten.

**Erich Honecker vor der Ehrenformation der
Bundeswehr mit Bundeskanzler Helmut Kohl**

**Erich Honecker im Gespräch mit Mitgliedern
der Bundesregierung**

Aufgabe 1: *Vergleiche beide Fotografien.*

Was ist gleich?

_____

_____

Was ist unterschiedlich?

_____

_____

Aufgabe 2: *Welches der beiden
Fotos würdest du als Lehrbuchautor
zur Illustration dieses Ereignisses
auswählen? Kreuze an.*

Aufgabe 3: *Begründe deine Entscheidung.*

_____

_____

_____

Das linke Bild   ◯

_____

Das rechte Bild   ◯

_____

Wer bzw. was ist das?
Was gehört zusammen?

Die folgenden Abbildungen zeigen bekannte Persönlichkeiten oder Gegenstände, die in irgendeiner Weise für viele Menschen in den letzten 50 Jahren wichtig waren.

Du sollst diese Abbildungen identifizieren. Dazu musst du folgende Aufgaben lösen:

Aufgabe 1: *Wer bzw. was ist das? Schreibe deine Antwort unter das jeweilige Bild.*

Aufgabe 2: *Ordne die nachfolgenden Stichwörter den Abbildungen zu, indem du die Bildnummern einträgst.*

☐ beliebteste Filmschauspielerin der 70er Jahre. ☐ deutsch-französische Aussöhnung. ☐ Initiator der Ostverträge.
☐ soziale Marktwirtschaft. ☐ wichtiger DDR-Dramatiker und Dichter. ☐ „Über sieben Brücken musst du gehen…"
☐ von der RAF ermordeter Industrieller. ☐ 68er Studentenbewegung. ☐ mit 17 Jahren Wimbledon-Gewinner.
☐ Symbol der Motorisierung in der Bundesrepublik. ☐ Mädchenmode in den 50er Jahren. ☐ „der Kaiser".
☐ „deutsche Eiskönigin". ☐ Symbol der Motorisierung in der DDR. ☐ „Panik-Orchester" oder „Sonderzug nach
Pankow". ☐ vierfacher Sieger der Vierschanzen-Tournee. ☐ Symbol der deutschen Trennung. ☐ „deutsche
Tenniskönigin". ☐ Krönung seiner Kanzlerschaft – deutsche Einheit. ☐ „olympische Königin" von Seoul 1988.
☐ ein ausländischer Wegbereiter der deutschen Einheit. ☐ Gute Nacht-Gruß für kleine Kinder.
☐ 32 Kämpfe – 30 Siege. ☐ über 14 Jahre mächtigster Mann in der DDR.

Wann war es?

Die 2. Hälfte des 20. Jahrhunderts ist gekennzeichnet durch riesige Veränderungen des Lebens im Alltag eurer Eltern und Großeltern.
Um das besser zu verstehen, stellen wir euch folgende Aufgaben:

Aufgabe 1: *Identifiziert die abgebildeten Gegenstände und schreibt das Ergebnis eurer Überlegungen unter die jeweiligen Abbildungen. Die nachfolgenden Stichwörter sollen euch dabei helfen:*
Schalensessel, elektrischer Rasierapparat, Motorroller Vespa, Elvis-Frisur, Heimcomputer und Bildschirm, Musiktruhe, Waschmaschine, Nierentisch, Pferdeschwanz-Frisur, Mercedes, Handy, Opel Olympia, Y-Linie-Mode, Heinkel-Kabine, Kofferradio, Microchip, Walkman, Farbfernseher, Taschenrechner, Schwarz-Weiß-Fernseher, Petticoat, Universal-Küchenmaschine, Plateauschuhe, Hosen mit Schlag

Aufgabe 2: *Ordne die abgebildeten Gegenstände der Zeit zu, in der sie massenhaft Verwendung fanden.*

_____
☐50er ☐60er ☐70er ☐80er ☐90er

_____
☐50er ☐60er ☐70er ☐80er ☐90er

_____
☐50er ☐60er ☐70er ☐80er ☐90er

_____
☐50er ☐60er ☐70er ☐80er ☐90er

_____
☐50er ☐60er ☐70er ☐80er ☐90er

_____
☐50er ☐60er ☐70er ☐80er ☐90er

_____
☐50er ☐60er ☐70er ☐80er ☐90er

_____
☐50er ☐60er ☐70er ☐80er ☐90er

_____
☐50er ☐60er ☐70er ☐80er ☐90er

☐50er ☐60er ☐70er ☐80er ☐90er

☐50er ☐60er ☐70er ☐80er ☐90er

☐50er ☐60er ☐70er ☐80er ☐90er

☐50er ☐60er ☐70er ☐80er ☐90er

☐50er ☐60er ☐70er ☐80er ☐90er

☐50er ☐60er ☐70er ☐80er ☐90er

☐50er ☐60er ☐70er ☐80er ☐90er

☐50er ☐60er ☐70er ☐80er ☐90er

☐50er ☐60er ☐70er ☐80er ☐90er

☐50er ☐60er ☐70er ☐80er ☐90er

☐50er ☐60er ☐70er ☐80er ☐90er

☐50er ☐60er ☐70er ☐80er ☐90er

☐50er ☐60er ☐70er ☐80er ☐90er

☐50er ☐60er ☐70er ☐80er ☐90er

☐50er ☐60er ☐70er ☐80er ☐90er

Was erzählen Briefmarken über die deutsch-deutsche Geschichte?

Aufgabe 1: *Analysiere drei Marken nach folgenden Gesichtspunkten:*

Motiv	Inhalt	Beabsichtigte Aussage
Landesverteidigung	Fahnen der NATO-Mitglieder	Würdigung der 25-jährigen Mitgliedschaft

Aufgabe 2: *Bilde zwei Paare aus Ost und West unter dem Aspekt des Gemeinsamen.*

Gemeinsames Motiv	Wie erklärst du dir solche Gemeinsamkeiten?

Aufgabe 3: *Bilde zwei Paare aus Ost und West unter dem Aspekt des Gegensätzlichen.*

Motiv Ost	Motiv West	Erklärung für die unterschiedliche Motivwahl

Aufgabe 4: *Welche Meinung hast du zu den von dir festgestellten gegensätzlichen Aussagen?*

Aufgabe 5: *Warum sind jedem Staat die Motive auf Briefmarken so wichtig?*

Aufgabe 6: *Welche jeweils erhobenen Ansprüche wurden in der Bundesrepublik bzw. in der DDR realisiert oder nicht?*

Bundesrepublik

DDR

Frauenleben in Deutschland

Aufgabe 1: *Ordne nachfolgende Aussagen bzw. Begriffe der „West-" bzw. „Ostfrau" zu, indem du die dabei stehende Zahl dazu schreibst. Beachte, dass manche Sachverhalte für Frauen in beiden Teilen Deutschlands zutrafen.*

1 = Ich habe einen Job. 2 = Harmonische Kindererziehung erfordert den Verzicht der Frau auf ihren Beruf.
3 = Wenn ich arbeiten gehe, kann mein Kind in die Kinderkrippe oder in den Kindergarten. 4 = Ich bin emanzipiert!
5 = Ersatzlose Abschaffung des § 218. 6 = „Emma". 7 = Werde ich für mein Kind eine Betreuung finden, wenn ich arbeiten gehe? 8 = Mein Bauch gehört mir! 9 = Frauen stehen alle Berufe offen. 10 = Familie und berufliche Tätigkeit sind vereinbar! 11 = Ich kann über meine Schwangerschaft selbst bestimmen! 12 = Mädchen sollen am besten frauenspezifische Berufe erlernen! 13 Mein Mann/Partner ist für die Gleichberechtigung, den Hauptteil der Hausarbeit habe ich trotzdem zu leisten! 14 = Die Mehrzahl der Frauen ist beruflich gut qualifiziert – in leitenden Tätigkeiten sind sie dennoch selten anzutreffen. 15 = Für eine Ehescheidung gilt nicht das Schuldprinzip, sondern das der Zerrüttung.
16 = Ich bin berufstätig.

WEST | OST

KINDERHORT

Europa ohne Grenzen?

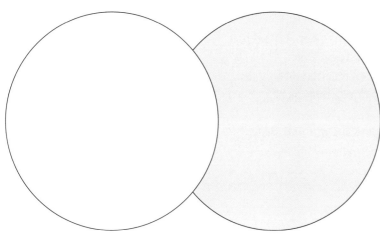

Aufgabe 1: Trage in die Skizze links die heutigen Mitgliedsländer und rechts die Beitragskandidaten der EU ein. Berücksichtige beim Eintragen die etwaige geografische Lage. So weit dir möglich, verwende als Abkürzung das internationale Kfz-Kennzeichen.

Aufgabe 2: Kennzeichne mit einer roten Umrandung die Gründungsländer der EU.

Aufgabe 3: Zähle durch die EU erreichte Fortschritte auf.

_____

_____

_____

Aufgabe 4: Nenne Probleme, mit denen die EU konfrontiert ist.

_____

_____

_____

Aufgabe 5: Welche Probleme müssen in den Ländern, die Beitragskandidaten sind, vor Aufnahme in die EU gelöst werden?

Probleme	Begründung
–	
–	
–	
–	
–	
–	
–	
–	

Die Nord-Süd-Problematik in der Karikatur

Du weißt, dass das Anliegen einer Karikatur darin besteht, einen Sachverhalt durch Über- und Zuspitzung zu verdeutlichen. Bei den folgenden Karikaturen geht es darum festzustellen, um was für ein Grundanliegen es jeweils geht und ob die erfolgte Darstellung berechtigt ist oder nicht.

Aufgabe 1: *Am besten beschreibst du zuerst die Karikatur und stellst danach fest, welche Aussage uns der Karikaturist vermitteln möchte. Gib der Karikatur zum Abschluss eine Unterschrift.*

_____

_____

_____

_____

_____

Abb. 1

„Ist dir klar, dass ich dich in der Hand habe?"
Karikatur von 1975

Abb. 2

Unterschrift
_____

_____

_____

_____

_____

Unterschrift
_____

_____

_____

_____

_____

Abb. 3

„Papa, hast du uns was mitgebracht?", Karikatur von 1975

Unterschrift
_____

Abb. 4

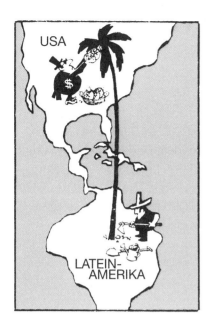

_____

_____

_____

_____

_____

Unterschrift
_____

_____

_____

_____

_____

_____

Abb. 5

Unterschrift
_____

Abb. 6

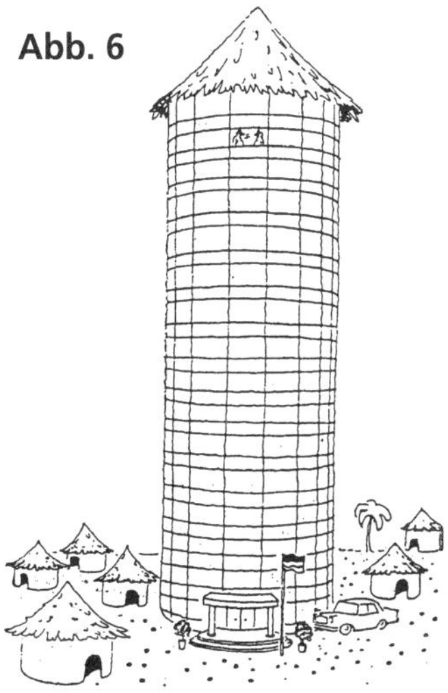

_____

_____

_____

_____

_____

„Glauben sie mir, Meier, das Allerwichtigste bei der
Entwicklungshilfe ist Einfühlungsvermögen."

Unterschrift
_____

Aufgabe 2: _Stelle dir vor, du bist in einer Jury, die die zutreffendste Karikatur auswählen soll. Welche schlägst du vor?_

_Abbildung: _____ Begründe: _____

_____

_____

Frieden schaffen mit Waffen?

(Zur Problematik von Militäreinsätzen in Bürgerkriegen am Beispiel des Kosovo-Krieges)

Innerstaatliche Verfolgungen mit Terror, Mord und Vertreibungen von Minderheiten aus politischen, religiösen und ethnischen Gründen haben in vielen Gebieten der Erde rasant zugenommen, so sind z. B. ca. 3 Millionen Kurden, 3 Millionen Palästinenser, 300 000 Serben aus Kroatien, 850 000 Kosovo-Albaner vor dem Eingreifen der NATO und 170 000 Serben danach, 120 000 Tschetschenen, 100 000 Menschen in Ost-Timor davon betroffen – insgesamt schätzte man die Zahl von Flüchtlingen am Ende des 20. Jh. auf 12-15 Millionen.

Wie soll sich die Völkergemeinschaft dazu verhalten? Darf sie zusehen? Wann soll sie eingreifen und wann ist sie ohnmächtig? Welche Mittel sind denkbar? Wenn militärischer Einsatz unabwendbar erscheint, wer soll es sein – UN-Truppen oder die NATO?

Bis heute wird kontrovers diskutiert, ob die NATO ohne UN-Mandat Krieg gegen Jugoslawien führen durfte. Dazu wollen wir kontroverse Quellen analysieren – und diskutieren.

Aufgabe 1: *Unterstreiche in den einzelnen Zitaten, was dir besonders wichtig erscheint.*

Aufgabe 2: *Schreibe unter jeden Auszug, was die Quelle aussagt.*

A) Rudolf Scharping, Bundesminister der Verteidigung, in der Parlamentsdebatte am 25.03.1999:

„Ich muss Ihnen in aller Deutlichkeit sagen, dass das Ergebnis des brutalen Vorgehens der jugoslawischen Armee gegen die Bevölkerung im Kosovo darin besteht, dass über 400 000 Menschen auf der Flucht sind, dass allein im Kosovo 250 000 Menschen auf der Flucht sind, dass viele Dörfer brennen und dass immer mehr Menschen die Grenze überschreiten. Diese Brutalität muss beendet werden." (Zitiert aus: www.glasnost.de/kosovo/990325debatte.html)

B) § 80 / Strafgesetzbuch der Bundesrepublik:

„Wer einen Angriffskrieg, an dem die Bundesrepublik Deutschland beteiligt sein soll, vorbereitet und dadurch die Gefahr eines Krieges für die Bundesrepublik Deutschland heraufbeschwört, wird mit einer lebenslangen Freiheitsstrafe oder mit Freiheitsstrafe nicht unter zehn Jahren bestraft."

C) Mitglied des Landesvorstandes von Bündnis 90 / Die Grünen, Jörg Sauskat, im Internet:

„Es gibt wohl keinen Grünen, der angesichts des NATO-Einsatzes in begeistertes ‚Krieg geil!'-Geheule ausbricht. Trotzdem gibt es eine Reihe von Grünen, zu denen ich auch gehöre, die trotz großer prinzipieller Bedenken keine Alternative zum Einsatz der NATO sehen. Die Luftangriffe der NATO sind nicht das Ergebnis einer ‚terroristischen' Kurzschlussreaktion des Westens, wie dies Teile der Linken suggerieren, sondern Endpunkt einer langen Serie von gescheiterten Versuchen, den Konflikt auf friedlich-diplomatischem Wege zu lösen – zuletzt auf Initiative des deutschen Außenministeriums in Rambouillet". (Zitiert aus: www.muenster.org/frieden/meckpom1html)

D) Artikel 51 der Charta der Vereinten Nationen:

„Diese Charta beeinträchtigt im Falle eines bewaffneten Angriffs gegen ein Mitglied der Vereinten Nationen keineswegs das naturgegebene Recht zur individuellen oder kollektiven Selbstverteidigung, bis der Sicherheitsrat die zur Wahrung des Weltfriedens und der internationalen Sicherheit erforderlichen Maßnahmen getroffen hat."

_____

_____

E) Jörg Fisch, Vom Schrecken des Siegers:

„Was derzeit in Jugoslawien geschieht, mag ein Schritt zum Aufbau einer neuen Weltordnung sein. Aber es ist zugleich ein Schritt zur Zerstörung der Rechtsordnung dieser Welt. Das ist kein Zufall, sondern eine Konsequenz des zu Grunde liegenden Systems der Hegemonie (=Vorherrschaft). Es erlaubt der Führungsmacht, stets selbst in voller Willkür das Gesetz zu geben." (Zitiert aus: „Die Weltwoche" Nr. 14 8.4.1999)

_____

_____

F) Aus dem Plenarprotokoll 14/0108 der 108. Sitzung des Deutschen Bundestages am 8. Juni 2000:

„Joseph Fischer, Bundesminister des Auswärtigen: … Die Sicherheitslage hat sich zwar gebessert, bleibt aber unbefriedigend. Die internationale Gemeinschaft muss deshalb klarstellen, dass alle, die vertrieben wurden, zurückkehren und im Kosovo in Sicherheit und Frieden leben können, wie es die Resolution 1244 fordert. Dies wird angesichts des nach wie vor bestehenden Hasses zwischen Albanern und Serben im Kosovo Zeit und kontinuierliche Anstrengungen brauchen. Die internationale Staatengemeinschaft, auch die Bundesregierung, ist allerdings entschlossen, dies durchzusetzen."

_____

_____

Aufgabe 3: *Halte die in den Quellen zum Ausdruck kommenden unterschiedlichen Positionen zum Kosovo-Krieg in der Grafik kurz fest. Welche Position(en) machst du dir zu Eigen (= „r"), welche hältst du für falsch (= „f")?*

A)   D)

                              (Kosovo-
B)   Krieg)   E)

C)   F)

	r oder f?	Begründung
A)		
B)		
C)		
D)		
E)		
F)		

Deine Welt am Anfang des 21. Jahrhunderts – Chancen und Risiken

Aufgabe 1: *Versieh die nachfolgenden Abbildungen mit einer Unterschrift, und entscheide durch ein + oder – in den Kreisen, ob es sich dabei um Chancen oder Risiken für deine Zukunft handelt. Bedenke, dass manche Erscheinungen und Vorgänge durchaus zwiespältig, also doppeldeutig, sein können.*

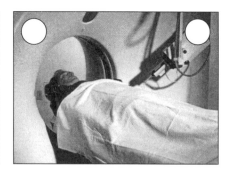

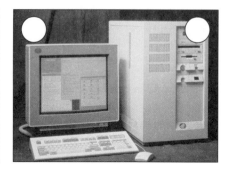

Aufgabe 2: *Entscheide, welche drei der dargestellten Möglichkeiten und Risiken unserer Zeit für dich von besonderer Wichtigkeit sind. Trage sie in das Schema ein. Vielleicht siehst du ja aber auch noch ganz andere Probleme und Zukunftschancen.*
Trage sie ebenfalls ein.

Aufgabe 3: *Schreibe dazu in Klammern mit wenigen Stichwörtern auf, wie du die von dir genannten Umstände oder Erscheinungen bewertest.*

_____

(_____

_____)

_____   _____

(_____   (_____

_____)   _____)

_____   _____

(_____   (_____

_____)   _____)

_____   _____

(_____   (_____

_____)   _____)

_____   _____

(_____   (_____

_____)   _____)

_____

(_____

_____)

Wer hat Angst vor „schwarzen Kerls" und „dunklen Mamsells" ?

1685 kamen etwa 20 000 ausländische Glaubensflücht-linge, Hugenotten, nach Brandenburg, von 1686 bis 1705 waren es 1500, die allein in Magdeburg Unter-kunft fanden. Was kam damit auf die Menschen im Lande und in der Stadt zu?

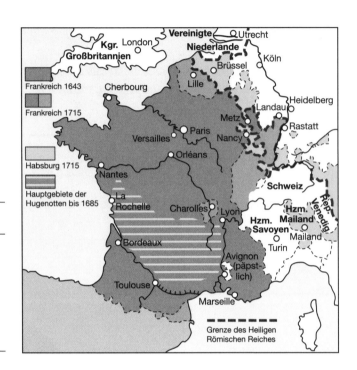

Aufgabe 1: *Woher kamen die Hugenotten? Beschreibe die Herkunft möglichst genau.*

_____

_____

Aufgabe 2: *Informiere dich im Lehrbuch oder im Lexikon, warum die Hugenotten in Frankreich verfolgt wurden. Erkläre damit den Anspruch Ludwigs XIV.: „Ein König, ein Gesetz, ein Glaube!"*

_____

_____

Aufgabe 3: *Wie wurden die Hugenotten in der Fremde aufgenommen? Lies die Quelle unten.*

_____

_____

„*Muret meldet uns aus den Urkunden, die Magdeburger hätten die französischen Flüchtlinge nicht sonderlich freundlich aufgenommen. Dass anderswo die Aufnahme freundlicher gewesen sei, weiß er nicht zu berichten. Uns haben die Urkunden belehrt, dass sie jedenfalls in Halle und Halberstadt, Stendal und Burg, Neuhaldensleben und Calbe, Aschersleben und Trüstedt nicht freundlicher war. Und wir finden das ganz natürlich. Was gingen die ,schwarzen Kerls' und die ,dunklen Mamsells' die alten erst seit 1680 brandenburgischen Magdeburger Bürger an? Mit ihren schwarzen umherlodernden Augen schienen ja die unheimlichen Fremden alles in Brand setzen zu wollen ...*
Überdies sprachen die Flüchtlinge eine fremde näselnde Sprache, mit der Geschwindigkeit des Sturmwinds und unter der heftigsten, fast leidenschaftlichen Gestikulation. Dabei warfen sie den Kopf, hantierten mit den Händen wie die Windmühlen mit ihren Flügeln, dienerten und knicksten mitten im Gespräch bald nach dieser, bald nach jener Seite ..."

(Tollin, H.: Geschichte der französischen Kolonie aus Magdeburg. Zitiert aus: Hallek, D. [Hrsg.]: Geschichte lehren und lernen. Magdeburg 1994, S. 52 f.)

Aufgabe 4: *Was störte die Magdeburger an den Hugenotten? Halte das stichpunktartig fest.*

_____

_____

_____

In seiner Berliner Rede „Ohne Angst und Träumereien: Gemeinsam in Deutschland leben" vom 12. Mai 2000 sagte Bundespräsident Rau zum heutigen Fremdenproblem unter anderem:

„*Im klimatisierten Auto multikulturelle Radioprogramme zu genießen, ist eine Sache. In der U-Bahn oder im Bus umgeben zu sein von Menschen, deren Sprache man nicht versteht, das ist eine ganz andere.*"

Aufgabe 5: *Welche Gemeinsamkeit in der Reaktion auf Fremdes ist heute noch zu beobachten?*

_____

_____

Wieso kamen die Flüchtlinge gerade nach Brandenburg? Binnen kurzer Zeit hatte Kurfürst Friedrich Wilhelm von Brandenburg auf die Nachricht reagiert, dass trotz Auswanderungsverbots viele Hugenotten zur Flucht aus Frankreich entschlossen waren. In einem Erlass, dem Potsdamer Edikt von 1685, hatte er ihnen Aufnahme in seinen Landen gewährt. Welche Gründe, außer religiösen, hatte er dafür, musste er doch mit dem Groll Frankreichs rechnen?

Aufgabe 6: *Fasse die Ziele des Kurfürsten, wie sie aus den Punkten 8 und 9 des Edikts erkennbar sind, in jeweils einem Satz zusammen.*

Auszüge aus dem Edikt von Potsdam

8. Diejenigen, welche einige Manufacturen von Tuch, Stoffen, Hüten oder sonsten ihrer Profession mit sich bringen, anzurichten willens seyn, wollen WIR nicht allein mit allen desfalls verlangeten Freyheiten, Privilegiis und Begnadigungen versehen, sondern auch dahin bedacht seyn und die Anstalt machen, daß ihnen auch mit Gelde ... an die Hand gegangen werden soll. 9. Denen so sich auff dem Lande setzen und mit dem Ackerbau werden erneren wollen, soll ein gewiß Stück Landes uhrbar zu machen angewiesen, und ihnen alles dasjenige, so sie im Anfang zu ihrer Einrichtung werden nöthig haben gereichet ... und fort geholffen werden ..."

(Deutsche Geschichte in Quellen und Darstellung Band 5. Stuttgart 1997 [Reclam], S. 357 f.)

8. _____

9. _____

Aufgabe 7: *Welchen Eindruck hinterlässt das Bild vom Empfang der Hugenotten durch den Kurfürsten?*

_____

_____

_____

Erfüllten sich die Zielsetzungen des Kurfürsten? Darüber gibt ein Historiker Auskunft:

„Die Zuwanderer aus dem Land der Moden und Manufakturen brachten neue Berufe und Produktionszweige nach Brandenburg-Preußen und gaben hier der Manufakturentwicklung neue Impulse. ... Dazu trugen mehr als 60 Handwerke und Gewerbe bei, darunter Tuchmacher von feinen Tüchern, feine Hutmacher, Mützen-, Handschuh- und Strumpfweber auf stählernen Stühlen, Buchbinder in französischem Bande, Cafetiers und Confituriers, Seidenstoff- und Flormacher, Hecken- und Alleenpflanzer, Gold- und Silberarbeiter von Galanterien, Steinschneider, feine Handschuhmacher und Messer- und Scherenschmiede, Lackierer, Pastetenbäcker und Seidenbaufachleute, Kupferstecher und Bildhauer, Seiden-, Silber- und Goldsticker, Tapetenmacher, Tanzmeister und ‚kleine‘ Uhrmacher, Zinngießer, Perücken- und Brillenmacher, Parfumeurs und Spiegelfabrikanten."

(Kathe, H.: Preußen zwischen Mars und Musen. München – Berlin 1993 [Koehler & Amelang], S. 92)

Aufgabe 8: *Welche Folgen hat deiner Meinung nach der Zuzug der Hugenotten für die Entwicklung Brandenburgs mit sich gebracht? Beachte bei deiner Antwort die Berufe, die die Hugenotten in dieses Land brachten.*

_____

_____

_____

Eine polnische Turnerriege aus dem Ruhrgebiet?

Ja, du hast richtig gelesen, die polnische Turnerriege kommt aus dem Ruhrgebiet. Aber wie kommt sie dahin? Das kannst du jetzt herausfinden und dazu einen der Turner befragen. Um bei dem Interview nicht gar zu planlos zu sein, bereitest du dich darauf vor. Der Textauszug aus einem Fachbuch und die Statistik sollen dir eine erste Orientierung geben.

Aufgabe 1: *Lies den nachfolgenden Text und unterstreiche darin die Aussagen, die dir Antwort auf die Frage geben, wieso polnische Turner im Ruhrgebiet leben.*

„… *Nach dem Deutsch-Französischen Krieg 1870/71 stellte der heimische Arbeitsmarkt der expandierenden Industrie nicht mehr genügend Arbeitskräfte zur Verfügung. Es wurden daher Arbeiter aus den Ostprovinzen Preußens, vor allem Polen und Masuren, angeworben, aber auch Ausländer aus Russland, Österreich-Ungarn, Italien, der Türkei. Bis dahin waren vereinzelt Facharbeiter oder auch Flüchtlinge, die aus politischen bzw. religiösen Gründen ihre Heimat verlassen hatten, nach Deutschland gekommen. Seit den 1880er Jahren weitete sich der Zuzug von ungelernten Arbeitskräften zu einer Massenerscheinung aus. 1880 betrug die Zahl der aus den Ostprovinzen Zugewanderten in Westfalen und im Rheinland noch keine 40 000, im Jahre 1910 jedoch bereits rund eine halbe Million.*
Die Ost-West-Binnenwanderung wurde von professionellen Werbern eingeleitet, die in den Ostprovinzen Preußens Arbeiter für die Kohlenzechen im Ruhrgebiet suchten. Polen, Masuren und Deutsche, die ins Revier zwischen Ruhr und Lippe kamen, wollten nur vorübergehend im Westen des Deutschen Reiches bleiben, bis sie das nötige Geld für eine bessere Lebensgrundlage in der Heimat erarbeitet hatten. Deshalb kamen zunächst überwiegend junge, unverheiratete Männer ins Revier; verheiratete Arbeiter ließen ihre Familien zurück. Im Sommer fuhren sie nach Hause, um bei der Ernte zu helfen. Die Arbeiter aus den Ostprovinzen stammten überwiegend aus kleinbäuerlichen Familien oder waren Landarbeiter, nur ein relativ geringer Teil kam aus dem Bergrevier in Oberschlesien. Mit der Zeit zeigte sich, dass die Hoffnungen auf eigenes Ackerland oder ein Haus nicht so schnell zu erfüllen waren, und die Familien wurden nachgeholt …“ (Stefanski, V.-M.: Von ‚Zuzüglern' und ‚Störenfrieden', Gastarbeiter. Zitiert aus: Die ‚Ruhrpolen' im Deutschen Kaiserreich. Geschichte – betrifft uns 5/93, S. 16)

Aufgabe 2: *Mache dir ein Bild über die Entwicklung der Binnenwanderung, indem du die nachfolgenden Zahlen in einem Diagramm veranschaulichst. Überlege, welche Form des Diagramms (Säulen- oder Kurvendiagramm) zweckmäßig ist.*

Zahl der aus den Ostprovinzen des preußischen Staates stammenden Einwohner des Ruhrgebiets in den Jahren 1880 – 1910

1880	1885	1890	1900	1905	1910
38 346	62 635	120 098	333 046	395 287	497 471

(Zahlen aus: Geschichte – betrifft uns 5/93, S. 13.)

Aufgabe 3: Unterstreiche nun aus dem nachfolgenden Angebot fünf Problemkreise, auf die du in deinem Interview eingehen willst.

Herkunft – Lebensbedingungen in der „alten" Heimat – Beruf der Eltern – Schulbildung – Methoden der Anwerbung – Abschied von der Familie – Reaktion der Freundin – Anreise in das Ruhrgebiet – Aufnahme – Unterbringung – Arbeitsbedingungen – Lohn – Verhalten der deutschen Arbeitskollegen – Einschätzung der Aufnahmebereitschaft durch die Bevölkerung des Ruhrgebiets – sprachliche Probleme – persönliche Zufriedenheit – Verhältnis der Polen untereinander – Zukunftspläne

Aufgabe 4: Formuliere deine fünf Fragen an einen der polnischen Turner.

1. _____

2. _____

3. _____

4. _____

5. _____

Aufgabe 5: Tausche mit deinem Nachbarn die Fragebögen aus und beantworte seine fünf Fragen.

1. _____

2. _____

3. _____

4. _____

5. _____

Aufgabe 6: Tragt nun die Fragen und Antworten in der Klasse vor und bewertet sie unter dem Gesichtspunkt der Bedeutsamkeit.

Aufgabe 7: Wie sich das Ruhrgebiet entwickelte, das ist dir bekannt. Werte unter diesem Aspekt die Meinung eines Nationalökonomen aus dem Jahre 1910.

„Es mag chauvinistisch klingen ‚Deutschland den Deutschen'. Aber … es steckt in diesen Worten eine Wahrheit, deren Verkennung sich bitter rächen wird, falls die Zuwanderung in dem gleichen Tempo weitergeht …"

(Zitiert aus: Geschichte – betrifft uns 5 / 93, S. 1)

_____

_____

_____

_____

Aufgabe 1: *Vielleicht hast du anstelle des Strichs eine Überschrift erwartet. Über deren Gestaltung sollst du selbst entscheiden, wenn du die beiden nachfolgenden Seiten bearbeitet hast. Versuche, sie so zu formulieren, dass sie den gesamten Inhalt der Seiten einschließt und zugleich anregt, sich mit dem Gegenstand zu befassen.*

Deutsche überseeische Auswanderung 1850 – 1874 (in 1000)			
Zeitraum	**insgesamt**	**nach den USA**	**nach anderen Ländern**
1850 – 1854	728.2	654.2	74.0
1855 – 1859	372.0	321.8	50.2
1860 – 1864	225.8	204.2	21.6
1865 – 1869	542.5	519.5	23.0
1870 – 1874	484.7	450.9	33.8
insgesamt:			

Aufgabe 2: *Die nebenstehende Tabelle gibt dir einen Überblick über das Ausmaß der Auswanderung Deutscher in der Zeit von 1850 bis 1874 nach Übersee. Formuliere deinen Eindruck vom Umfang dieser Wanderungsbewegung.*

(Zahlen aus: Geschichte – betrifft uns 4/93, S. 11)

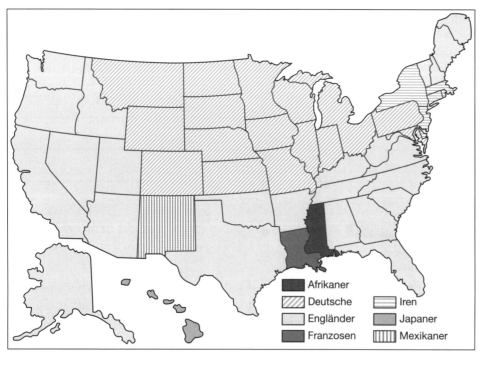

Aufgabe 3: *Benenne in der Karte einige der Bundesstaaten der USA, in denen die Deutschen die stärkste Gruppe der Vorfahren der Amerikaner darstellen.*

Afrikaner
Deutsche
Engländer
Franzosen
Iren
Japaner
Mexikaner

Aufgabe 4: *Sicher kamen dir bei der Arbeit an der Tabelle und der Karte, die beide das Ausmaß der Auswanderung aus Deutschland verdeutlichen, einige Fragen. Formuliere zwei.*

1.

2.

Briefe aus Amerika – wie sehnsüchtig wurden sie daheim oft erwartet, so wie bei diesem alten und leseunkundigen Elternpaar.

Brief an Verwandte um 1850: *„Tausendmal muss ich dem Herrn danken, dass er es so gefügt hat, dass ich mit all meinen Kindern hier in diesem Lande bin. Wenn ich nun mit meinen Kindern in Deutschland geblieben wäre, so wäre aus ihnen nichts geworden als Sklaven der Bauern, und hier können sie angesehene Bürger und Bauern werden und in eigenen Häusern wohnen."* (Geschichte – betrifft uns 4/93, S. 14)

Brief an den Bruder 1854: *„Lieber Bruder Franz! Ich weiß dass du schon früher davon gesprochen hast nach Amerika zu gehen allein ich rate Dir es nicht zu und rate es dir auch nicht ab … denn die Deutschen bilden sich meistens ein gleich reich zu sein wenn sie nach Amerika kommen und bauen schon goldene Häuser bevor sie kommen …"* (Geschichte – betrifft uns 4/93, S. 14)

Brief an den Bruder 1855: *„Und dann ist es auch noch das Schlimmste mit der Sprache, denn es wird hier in Amerika alles Englisch gesprochen und geschrieben … Wer hier in Amerika fleißig und arbeitsam, der hat keine Noth. Nur er muss sich etwas gefallen lassen, solange er nicht die Sprache kann und wenn er mal gelernt hat, mit den Amerikanern umzugehen, geht es besser …"* (Geschichte – betrifft uns 4/93, S. 19)

Brief an den Bruder 1855: *„… Sie geben an, sie würden durch die Einwanderer in ihren Rechten, die ihnen als Eingeborene und Herren dieses Landes zukämen, beeinträchtigt. Wer ist jedoch Eingeborener und Herr dieses Landes; niemand anders als die von den Weißen in die äußerste Wildnis vertriebenen Indianer! … Diese Menschen scheinen jedoch nicht so viel Verstand zu haben, dass sie dieses einsehen können und begreifen, welchen Nutzen die Vereinigten Staaten aus der Einwanderung ziehen. Wie würde es in diesem jetzt so schönen und gesegneten Lande aussehen, wenn nicht jedes Jahr so viele Tausende eingewandert wären."* (Geschichte – betrifft uns 4/93, S. 20)

Aufgabe 5: *Nummeriere die Briefe und schreibe dann auf, welche Fragen beantwortet werden.*

1. _____

2. _____

3. _____

4. _____

5. _____

Aufgabe 6: *Welche angesprochenen Probleme haben „Fremde" auch heute noch?*

_____

_____

Millionen von Flüchtlingen und Vertriebenen

Die Karte zeigt die gewaltigen Ausmaße der durch Flucht, Vertreibung und Umsiedlung ausgelösten Bevölkerungsbewegungen. Eine schwierige Aufgabe hatten die Behörden in den vier Besatzungszonen zu lösen, die Integration der aus ihrer Heimat Vertriebenen.

Aufgabe 1: *Erarbeite dir zunächst einen Überblick über die Anzahl der Menschen, denen in Deutschland ein neues Zuhause zu schaffen war. Vervollständige dazu die Tabelle.*

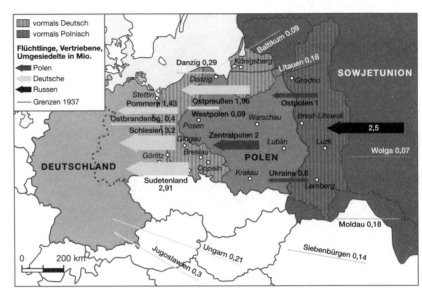

Woher kamen die Flüchtlinge und Vertriebenen?	Wie viele waren es?
Baltikum, Danzig, Moldaugebiet, Siebenbürgen, Ungarn, Jugoslawien	1 210 000
Gesamt:	

Aufgabe 2: *Vielleicht gehörten deine Vorfahren ja auch zu denen, die ihre Heimat verlassen mussten und als Fremde in ein fremdes Gebiet kamen. Kreuze in diesem Fall das Herkunftsgebiet an. Wie viele von euch betrifft es?*

Aufgabe 3: *Welche ersten Bedürfnisse der Flüchtlinge und Vertriebenen waren zu befriedigen?*

Aufgabe 4: *Stelle dir vor, du wärst in der Zeit von 1945 bis 1950 verantwortlich für die Betreuung der vielen Menschen, die in deinem Wohnort ankamen bzw. dorthin eingewiesen wurden. Welche Maßnahmen würdest du als sinnvoll ansehen? Wähle aus und ergänze.*

– Orientierung der Flüchtlinge und Vertriebenen auf Rückkehr in die alte Heimat – rechtliche Gleichstellung mit den Altansässigen – Unterbringung in Sammellagern – schnelle Beschaffung von Arbeit – Weiterschiebung der Alten und Versehrten – Schaffen eines neuen Heimatgefühls – Mitspracherecht in kommunalen Fragen zunächst aussetzen – Unterbringung bei den Ansässigen – Versorgung mit Arbeitsstellen erst nach angemessener Wartezeit – besondere Fürsorge den Alten und Kindern der Flüchtlinge und Vertriebenen

Aufgabe 5: *Tragt eure Meinungen vor und diskutiert darüber.*

Stell dir vor, das Ausland schlüge zurück

„Ausländer raus!" ist eine Parole, die von Rechtsradikalen immer wieder zu hören war – und leider auch noch ist. Was wäre aber, wenn alle „Ausländer" als Reaktion darauf Deutschen den Zugang zu ihren Ländern verweigerten, obwohl diese dort ja „nur" ihren Urlaub verbringen wollten? Verdeutlichen wir uns einige der Folgen.

Aufgabe 1: *Welche Sehenswürdigkeiten der Menschheitskultur würdest du dann niemals selbst sehen können? Nummeriere Abbildungen und die Namen der Sehenswürdigkeiten mit jeweils den gleichen Buchstaben.*

Notre Dame von Paris ◯
Hagia Sophia in Istanbul ◯
Basiliuskathedrale in Moskau ◯
Sphinx bei Giseh ◯
Kaiserpalast in Peking ◯
Freiheitsstatue vor New York ◯
Petersplatz und Petersdom in Rom ◯
„Weißer-Reiher-Schloss"
in Himeji Japan ◯

Wir wollen noch einen weiteren Gedanken – zum Glück nur theoretischen – anstellen. Nehmen wir an, dass das „Ausland" jegliche Beziehungen, auch die wirtschaftlichen, zu Deutschland wegen seiner Fremdenfeindlichkeit abbräche.

Aufgabe 2: *Wähle drei der obigen Länder, aus denen die Fotos stammen, aus und schreibe auf, auf welche uns selbstverständlichen Gegenstände wir im Falle eines Boykotts verzichten müssten.*

Land	Produkte der Länder

Aufgabe 3: *Fasse die gewonnenen Einsichten und die der vorangegangenen sieben Seiten zu einer Antwort auf die Frage zusammen, welche Bedeutung Wirtschaft und Kultur anderer Länder für ein jegliches Land hatten und haben.*

_____

_____

Auf den nächsten Seiten erhältst du Gelegenheit, dein Wissen und Können zu überprüfen, so wie es in Leistungskontrollen, Klassenarbeiten und Prüfungen von dir verlangt werden kann.

Die Fotografie als Geschichtsquelle

Zeitgenössische Fotografien sind wichtige Zeugnisse der Geschichte. Sie zeigen Aussehen, Kleidung und soziales Umfeld der damals lebenden Menschen.

Was ist das Charakteristische an einer Fotografie? Diese Form einer bildhaften Quelle zeigt detailgetreu einen Ausschnitt aus einer vergangenen Wirklichkeit. Fotos können allerdings auch gestellt oder gefälscht sein, sie können Typisches, aber auch Untypisches wiedergeben. Ihre Interpretation ist also nicht einfach, und manchmal brauchst du Zusatzinformationen.

Unser Beispiel stellt ein Stück Realität des Vietnamkrieges dar. Ein kleines nacktes Mädchen flieht mit anderen schreiend aus dem Flammenmeer ihres brennenden Dorfes, das dem Napalmangriff einer amerikanischen „Skyraider" zum Opfer gefallen ist. Auch seine Kleider hatten sofort in Flammen gestanden. Der Pilot hatte die Flüchtenden für Vietcong gehalten.

Wie kann man zweckmäßig bei der Betrachtung einer Fotografie vorgehen? Die folgenden Fragen sollen dir dabei helfen:

1. Aus welcher Zeit stammt das Foto? Wo wurde es gemacht?	
2. Was ist zweifelsfrei erkennbar, was ist nicht genau zu sehen?	
3. Kannst du erkennen, mit welcher Absicht das Foto gemacht wurde?	
4. Handelt es sich bei dem dargestellten um ein seltenes oder ein häufiges Geschehen?	
5. Wie ordnest du die Erkenntnisse aus der Fotoanalyse in dein Geschichtswissen ein?	

Analyse schriftlicher Quellen

Eine geschichtliche Darstellung ist in der Regel das Ergebnis einer Untersuchung vieler unterschiedlicher Quellen. Ihre Aussagen werden aber nicht einfach übernommen, vielmehr müssen sie kritisch ausgeforscht werden. Das erfolgt in drei Hauptschritten: Zuerst wird die Form untersucht, dann werden Fragen an den Inhalt gestellt und schließlich solltest du deine Meinung zur Aussage der Quelle kundtun.

Prüfe am Beispiel der so genannten „Breshnew-Doktrin", inwieweit du dieses Vorgehen beherrschst. Am 12. November 1968 hatte der damalige Generalsekretär der KPdSU, Leonid Breshnew, bei einem Besuch in Warschau erklärt, weshalb Truppen des Warschauer Paktes in die ČSSR einmarschiert waren. (Die fett geschriebenen Teile der Fragen kannst du oft wieder verwenden.)

„Die Völker der sozialistischen Länder, die kommunistischen Parteien haben die uneingeschränkte Freiheit und sie müssen sie haben, die Entwicklungswege ihres Landes zu bestimmen. Jedoch darf keine Entscheidung von ihrer Seite entweder dem Sozialismus in ihrem Land oder den Grundinteressen der anderen sozialistischen Länder [...] Schaden zufügen. [...] Man kann die Interessen einzelner sozialistischer Länder nicht den Interessen des Weltsozialismus, der revolutionären Bewegung der Welt entgegenstellen.
Die sozialistischen Staaten achten die demokratischen Normen des Völkerrechts. Nach marxistischer Auffassung können jedoch die Rechtsnormen, darunter auch die Normen der gegenseitigen Beziehungen der sozialistischen Länder, nicht rein formal, aus dem allgemeinen Klassenkampf der Gegenwart gelöst, ausgelegt werden. (...)
Die Schwächung eines Gliedes des Weltsystems des Sozialismus wirkt sich direkt auf alle sozialistischen Länder aus, die sich demgegenüber nicht gleichgültig verhalten können. So verhüllten die antisozialistischen Kräfte in der Tschechoslowakei mit dem Gerede vom Recht der Völker auf Selbstbestimmung im Prinzip die Forderung nach der so genannten Neutralität, dem Austritt der ČSSR aus der sozialistischen Gemeinschaft. (...)
Die Kommunisten der Bruderländer konnten natürlich nicht zulassen, dass im Namen einer abstrakt verstandenen Souveränität die sozialistischen Staaten tatenlos zusehen, wie ein Land der Gefahr einer antisozialistischen Umwälzung ausgesetzt wird. Die Aktionen der fünf verbündeten sozialistischen Staaten in der Tschechoslowakei entsprachen auch den Grundinteressen des tschechoslowakischen Volkes. (...)"

(Kowatiow, S.: Souveränität und internationale Pflichten der sozialistischen Länder. In: Prawda (Moskau) 26.9.1968. Übersetzung aus: Presse der Sowjetunion, 1968, H. 120, S. 3-5)

Form:
a) Wer ist der Autor?
b) Zu welchem Zweck wurde die Quelle verfasst?
c) Wann wurde sie verfasst?
d) Welche Quellengattung liegt vor?

_____

_____

Inhalt:
Welche wichtigen Aussagen beinhaltet die Quelle?

_____

_____

Was bedeutet eine solche Erklärung für das Selbstbestimmungsrecht der Warschauer Vertragsstaaten?

_____

_____

Wie ordnet sich die Rede in das geschichtliche Gesamtbild der damaligen Zeit **ein?**

_____

_____

_____

Quellenkritik/ Wertung:
Wie bewerte ich die Erklärung Breshnews?

_____

_____

_____

_____

Politische Karikaturen als Zeitdokumente

Politische Karikaturen sind Zeitzeugnisse, denn sie urteilen in künstlerischer Form über Politiker, aktuelle Ereignisse und gesellschaftliche Verhältnisse. Sie tun das in anschaulich-konkreter, meist satirisch-übertriebener Art und Weise. Auf den Betrachter wirken sie deshalb entweder erheiternd, manchmal auch provozierend. Die vom Künstler gewählte Vereinfachung und die Wahl von Symbolen für seine Darstellung haben zur Folge, dass das Urteil des Karikaturisten dem Betrachter erst nach der Entschlüsselung der Darstellung verständlich wird. Dafür hat sich das Beantworten von Fragen in der unten angegebenen Schrittfolge bewährt.

„... nur noch wenige tausend Tage!"

Der Karikaturist Horst Haitzinger nimmt sich mit dieser Karikatur der Reaktion vieler Deutscher auf den Beschluss der Euroeinführung an. Prüfe, wie gut du ihre Auswertung beherrscht.

Wer ist der Karikaturist? Wann ist die Karikatur entstanden?	
Was (wer) ist dargestellt? Welche Symbole finden Verwendung?	
Wofür steht das Dargestellte?	
Welche Aussageabsicht verfolgt der Karikaturist mit der Darstellung?	
Wie ordnet sich die Darstellung in mein Geschichtswissen ein?	

Arbeit mit der historischen Karte

Die Ausschnitte aus der Vergangenheit, mit denen wir uns im Geschichtsunterricht befassen, haben nicht nur einen zeitlichen, sondern auch einen räumlichen Hintergrund, in den sie eingeordnet werden müssen. Diese Aufgabe erleichtern uns historische Karten.

Nimm an, du hättest die Aufgabe erhalten, einen Überblick über die Entwicklung der Europäischen Union von den Anfängen bis heute zu geben. Als Hilfsmittel stünde dir folgende Karte zur Verfügung.

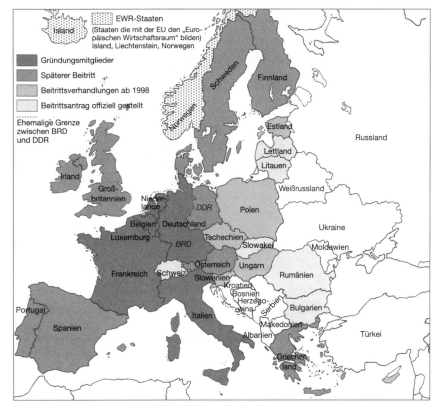

Von der Europäischen Wirtschaftsgemeinschaft zur Europäischen Union

Gehe so vor:

1. Ist das Thema der Karte für meine Fragestellung geeignet?	
2. Geht die Legende auch im Einzelnen auf meine Frage ein?	
3. Wie sind die Zeichen in der Legende gestaltet, die zur Erfüllung der Aufgabe wichtig sind?	
4. Was kannst du der Karte entnehmen? Werte dazu die Zeichen (Verteilung, Größe, Häufigkeit …) aus.	
5. Fasse die Erkenntnisse aus der Karte zusammen.	

Statistiken – ihre Stärken und Tücken

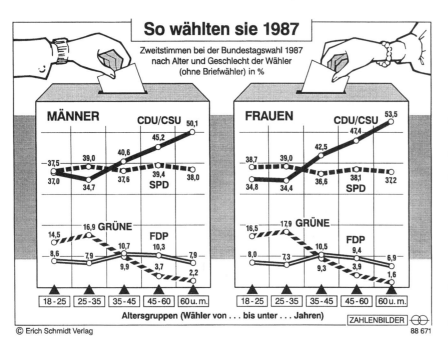

So wählten sie 1987

Zweitstimmen bei der Bundestagswahl 1987
nach Alter und Geschlecht der Wähler
(ohne Briefwähler) in %

MÄNNER

CDU/CSU 50,1

45,2

40,6

37,5 39,0

37,0   37,6   39,4   38,0

34,7   SPD

16,9 GRÜNE

14,5   FDP

10,7   10,3

8,6   7,9   7,9

9,9   3,7

2,2

| 18 - 25 | 25 - 35 | 35 - 45 | 45 - 60 | 60 u. m. |

FRAUEN

CDU/CSU 53,5

47,4

42,5

38,7 39,0

34,8   36,6   38,1   37,2

34,4   SPD

16,5 17,9 GRÜNE

FDP

10,5   9,4

8,0   7,3   6,9

9,3   3,9

1,6

| 18 - 25 | 25 - 35 | 35 - 45 | 45 - 60 | 60 u. m. |

Altersgruppen (Wähler von . . . bis unter . . . Jahren)

ZAHLENBILDER

© Erich Schmidt Verlag

88 671

In den Geschichtsbüchern, aber auch in den Tageszeitungen gibt es eine Fülle von Schaubildern und Diagrammen. Ob Säulendiagramm oder Kreisdiagramm, alle müssen erst einmal gelesen werden. Historische Statistiken geben zählbare Sachverhalte an, die vergangene Prozesse oder Zustände beschreiben, oft Massenerscheinungen der Wirtschafts- und Sozialgeschichte. Statistiken sind umso ergiebiger, je engere Zusammenhänge im Vergleich mit weiteren Datenreihen, Ereignissen und anderen Quellen erschlossen werden. Prüfe nun, inwieweit du die Auswertung von Kurvendiagrammen beherrschst.

Zu welchem Thema sagt die Statistik etwas aus?	
Welche Merkmalsausprägungen wurden in dieser grafischen Darstellung für die x- und y-Achse gewählt?	*x-Achse:* *y-Achse:*
Welche Erkenntnisse vermittelt das Diagramm?	
Vergleiche die Aussagen des Diagramms mit deinem Geschichtswissen.	

Wie bereite ich mich auf eine Leistungsüberprüfung vor?

Häufig gibt es im Unterricht mündliche Leistungskontrollen, Klassenarbeiten, und am Ende der Schulzeit kommen Prüfungen auf dich zu. Wie bereitet man sich am besten darauf vor? Es gibt dazu verschiedene Methoden. Sicherlich am gebräuchlichsten ist die, Hefter, Arbeitsheft oder Schulbuch nochmals durchzugehen. Beim nochmaligen Lesen sollte man es aber nicht belassen. Besser ist es, Wichtiges nochmals schriftlich festzuhalten. So speichert sich das Wissen im Langzeitgedächtnis.

Mind Mapping ist dazu eine Möglichkeit und heißt so viel wie Anfertigen einer Gedächtnis-Landkarte. Dazu schreibt man das Thema in die Mitte, gewissermaßen als Stamm. Von dort aus notiert man die Stichwörter in Ästen und Zweigen. Man kann also gliedern: Bei einem neuen Gedankengang fängt man einen neuen Ast bzw. Zweig an, die früher angefangenen kann man später ergänzen. Wenn möglich, werden als Stichwort Substantive verwendet. Druckschrift erleichtert das Lesen. Man kann dabei an den Ästen in Großbuchstaben schreiben. Wenn dir bei einem Stichwort ein Symbol einfällt, zeichne es dazu.

Beispiel:

Du hast dir vorgenommen, dich auf das Thema „Die Welt seit 1990" vorzubereiten. Der Kalte Krieg und die unmittelbare Bedrohung durch Atomwaffen hörten auf, aber viele Probleme und Krisen beherrschen auch heute noch die Welt. Deine Mind Map könnte dann so aussehen:

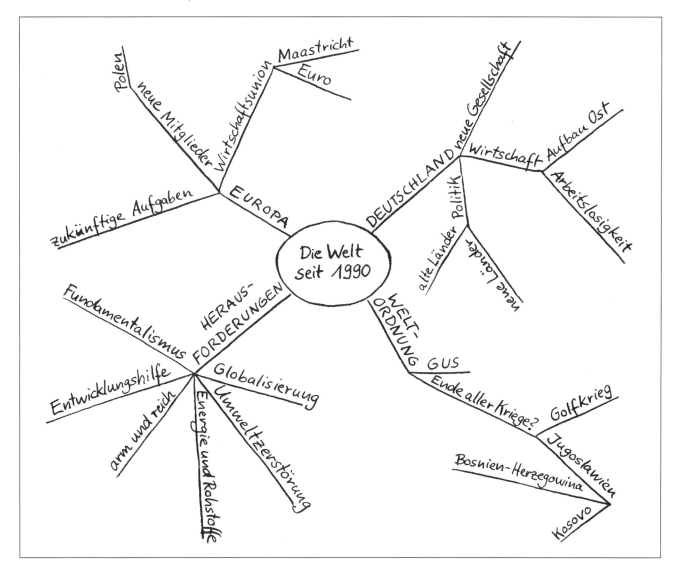

Versuche es nun selbst. Zeichne eine Mind Map zum Thema
„Das zerstörte und geteilte Europa (1945-1949)" und gehe dabei wie folgt vor:
– Schreibe das Thema in die Mitte.
– Schreibe Stichwörter an Äste und Zweige.
– Benutze möglichst Druckschrift.
– Verwende Symbole, wenn sie dir helfen.

Einen Vortrag vorbereiten

Sehr häufig werden im Unterricht Schülervorträge abverlangt, so auch im Fach Geschichte. Bei aller Unterschiedlichkeit hat sich für ihren Aufbau ein Muster bewährt. Beginnen solltest du mit einer Einleitung, geschrieben in Sätzen. Dann hältst du die Stichpunkte zum Hauptteil fest, gliederst und ordnest sie. (Mind Mapping kann dir dabei helfen.) Am Schluss formulierst du deine Meinung. Bei der Vorbereitung auf den Schülervortrag solltest du unbedingt darauf achten, ihn auch laut vorzulesen, damit du sicherer im Vortragen wirst. Nutze zur Vorbereitung das Schulbuch, das Arbeitsheft, Lexika, auch das Internet.

Hier unser Beispiel für die Vorbereitung eines Schülervortrags zum Thema:

„Die USA werden zur Führungsmacht der westlichen Welt"

1. Einleitung:
Die USA beanspruchten nach dem Sieg im 2. Weltkrieg eine Führungsrolle in der Welt. Diese bauten sie kontinuierlich aus, sodass sie heute die Rolle der einzigen Weltmacht übernehmen können. Einige Beispiele sollen diese Entwicklung kennzeichnen.

2. Hauptteil:

2.1 Wettrüsten
SU und USA versuchten, sich gegenseitig zu übertrumpfen
Atombombe, Wasserstoffbombe, Langstreckenbomber, Raketen, Atom-U-Boote, Marschflugkörper
UdSSR scheitert u. a. durch Teilnahme am Wettrüsten
USA – stärkste militärische Macht

2.2 Koreakrieg
Korea – geteiltes Land
1950: Mit Duldung der Sowjetunion Angriff Nordkoreas auf den Süden
USA greifen als Führungsmacht der UN-Truppen in den Krieg ein
Eingreifen Chinas auf der Seite Nordkoreas
Grausame Kriegführung (Napalm, Überlegungen MacArthurs zum Atombombeneinsatz)
Waffenstillstand

2.3 Vietnamkrieg
Vietnam – geteiltes Land
Auseinandersetzungen zwischen kommunistischem Norden und westlich orientiertem Süden
USA fürchten um ihren Einfluss im östlichen und südöstlichen Pazifik (Domino-Theorie)
USA verstehen sich als Schutzmacht Südvietnams
US-Luftangriffe, die vor allem Zivilbevölkerung treffen (Napalm, Entlaubungsmittel...)

2.4 Golfkrieg
1990 Besetzung Kuwaits durch Irak
UNO-Ultimatum zum Rückzug des Iraks
Entsendung von alliierten Truppen unter Führung der USA
„Operation Wüstensturm"

3. Schluss:
Die amerikanische Außenpolitik war auf Absicherung eigener Positionen gerichtet. Teilweise wurde sie von der UNO und der NATO unterstützt. Nicht immer gingen die USA in dieser Zeit mit der Achtung von Menschenrechten sorgsam um. So ist eine positive wie auch negative Einschätzung ihrer Politik und ihrer Führungsrolle möglich.

Prüfe dich nun selbst

Dein Thema lautet: „Die Politik von Glasnost und Perestroika"

1. Einleitung:

2. Hauptteil:

3. Schluss: